AF357522

MAISON RUSTIQUE.

I.

Imprimerie de DANICOURT-HUET, à Orléans.

MAISON

RUSTIQUE,

POUR SERVIR

A L'ÉDUCATION DE LA JEUNESSE,

OU

RETOUR EN FRANCE

D'UNE FAMILLE ÉMIGRÉE;

OUVRAGE où l'on trouve toutes les instructions nécessaires pour bâtir une maison de campagne, pour la meubler, pour y établir une chapelle, une bibliothèque, un laboratoire, un cabinet d'histoire naturelle, un jardin de Plantes usuelles, etc.; et tous les détails relatifs à la bâtisse d'une ferme, à l'économie domestique et à tous les genres de culture.

Tout ce que nous voulons au-delà de ce que la nature peut nous donner, est peine, et rien n'est plaisir que ce qu'elle nous offre. BUFFON.

Par madame de Genlis.

NOUVELLE ÉDITION.

Tome premier.

PARIS,

LECOINTE ET DUREY, LIBRAIRES,

QUAI DES AUGUSTINS, n° 49.

1826.

Épître dédicatoire

Au Général Sénateur

Comte de Valence.

Mon Ami,

Nous devions faire ensemble cet ouvrage, dont vous m'avez donné l'idée, et il y eût sans doute beaucoup gagné. Le sort, qui nous avoit réunis (en 1794) dans une profonde solitude, vous destinoit un emploi du temps plus utile et plus glorieux, et il m'a donné tout ce que je désirois, les loisirs et le repos. Il m'est doux de vous en offrir

a.

de ces cultures ; et c'est, je crois, ce qu'on trouvera dans ce livre, qui n'est point un abrégé, puisque tous les articles les plus importans y sont complets.

Tous les hommes qui ont des terres désirent avec raison que leurs femmes puissent se plaire à la campagne, ce qui est impossible quand elles n'ont aucune idée des occupations domestiques et des travaux champêtres. C'est beaucoup plus cette ignorance absolue que la frivolité dont on les accuse, qui leur rend si désagréables les longs séjours dans leurs terres ; la société des voisins leur est insupportable, parce que la conversation de ces voisins roule presque toujours sur l'agriculture ; l'on ne peut s'y mêler, et l'on dit que les voisins sont ennuyeux : si on les entendoit, si l'on pouvoit leur montrer qu'on n'est étrangère à rien de ce qui les occupe, et qu'on se vît écoutée avec approbation et souvent avec surprise, ces entretiens, loin de paroître assommans, délasseroient des entretiens frivoles de la ville, et l'on trouveroit même qu'ils ont un genre d'intérêt sur lequel on ne peut se blaser. On dit à une jeune femme que l'on mène à la campagne : Occupez-vous de votre in-

térieur, ayez l'œil à votre basse-cour, pré-
sidez de temps en temps aux travaux de
votre maison, surveillez votre femme de
charge et vos servantes. Mais avec toute la
bonne volonté du monde, que peut-elle diri-
ger, quand elle ne sait ni ce qu'on doit
commander ni ce qu'on doit défendre ?

Le goût de la campagne suppose une
telle pureté de mœurs, que les anciens l'ont
confondu avec la vertu elle-même. On connoît ce mot adressé à Cyrus, par un étranger
qui le trouva travaillant à son jardin : *O
Cyrus ! qu'il est beau de contempler la
vertu unie à la puissance !*.... Un poète
moderne a dit avec autant de grâce que de
vérité :

Qui fait aimer les champs fait aimer la vertu.

Cicéron, recommandant l'agriculture à
son fils, lui dit : « De tout ce qui peut être
« entrepris ou recherché, rien au monde
« n'est meilleur, plus utile, enfin plus digne
« d'un homme libre, que l'agriculture. »

L'empereur Pertinax voulut que le champ
laissé en friche appartînt à celui qui le
cultiveroit ; que celui qui le défricheroit
fût exempt d'impositions pendant dix ans,

et s'il étoit esclave, qu'il devînt libre. Beaucoup d'empereurs ont publié des lois de ce genre. Plusieurs de nos rois en ont fait de très-bonnes aussi sur ce sujet, entr'autres Henri le Grand. Louis XIV renouvela la loi de Pertinax, en permettant de mettre en valeur les terres abandonnées, sans être tenu de rembourser le propriétaire; il fit à cet égard d'autres bonnes lois.

Il faut beaucoup de talent pour bien peindre les charmes de la nature, il n'en faut point pour apprendre à connoître ses travaux, quand on est guidé par les excellens ouvrages sur l'agriculture qui ont paru sur la fin du siècle dernier et dans le commencement de celui-ci, parmi lesquels l'utile et savant Dictionnaire intitulé : *Nouveau Cours complet d'agriculture, etc.*, sera toujours mis au rang des meilleurs livres. On ne peut lire sans reconnoissance cet immense recueil, composé par une société si respectable d'écrivains réunis, non pour obtenir de vains applaudissemens, mais pour éclairer leurs concitoyens de toutes les classes, et même les hommes de tous les pays, sur des intérêts si réels et si précieux. On a déjà beaucoup de peine à faire sur cette

vaste matière une simple compilation méthodique et composée de morceaux bien choisis ; qu'est-ce donc lorsqu'on ne veut écrire
qu'en possédant parfaitement la science,
qu'après avoir fait des essais qui demandent une grande habileté, beaucoup de patience, de persévérance, et des frais con-
sidérables; qu'après avoir enfin acquis tout
ce que peuvent donner une immense lecture, de longues méditations, des corres-
pondances étendues, les voyages, l'expérience et l'étude la plus approfondie? Les
bons citoyens, les appréciateurs du vrai
mérite, ne prononceront jamais qu'avec vénération les noms respectables des Rozier, des
Parmentier, des Chaptal, des Cadet de
Vaux, et de tant d'autres qui se sont illus-
trés par des travaux d'autant plus estima-
bles qu'ils n'ont rien de brillant aux yeux des
gens du monde, et que le plus pur amour du
bien public a pu seul les faire entreprendre.

J'ai lu, outre cet estimable et grand ouvrage, les ouvrages particuliers de M. Parmentier, la dernière *Maison rustique*, en
3 vol. in-4°, ainsi que la *Petite Maison
Rustique*, en 2 vol. in-8°; le *Cours d'a-
griculture pratique*, par M. Pfluguer, 2

vol. in-8º ; le *Traité des abeilles*, et celui des vers à soie, par M. de Lalauze ; l'*Art d'empailler les oiseaux* ; plusieurs *Mémoires de la société médicale d'émulation*, mémoires à la fois curieux, instructifs et intéressans ; beaucoup d'articles du dictionnaire de *Bomare*, et des dictionnaires de pharmacie de MM. *Rivet* et *Morellot*. En livres de médecine, j'ai lu les recettes de madame *Fouquet* (1), les ouvrages de *Tissot*, d'*Herenschwand*, et la *Thérapeutique de M. Alibert*.

J'ai tâché de joindre aux diverses instructions que j'ai puisées dans ces livres, quelques leçons morales, et un peu d'intérêt dans la forme et les détails de l'ouvrage, entr'autres dans les premiers chapitres, et dans ceux qui sont intitulés : *Du voisinage et des devoirs d'une maîtresse de maison ; de l'ameublement du château ; du retour du curé, et du rétablissement du village ; de la médecine domestique ; de la considération en province ; des jardins d'agrément ; des abeilles ; des animaux domestiques étrangers (articles chameau, renne,*

(1) Approuvées par la faculté de médecine de ce temps.

élan); *entrée de Volnis et de sa famille dans le château nouvellement bâti;* et un article très-détaillé, à la suite de celui sur les friponneries des marchands de chevaux, et qui, je l'espère, pourra être de quelque utilité aux jeunes gens qui ont des cabriolets et des jockeis; et enfin, dans la *Nouvelle* qui termine cet ouvrage, et qui offre le modèle d'une femme si intéressante et si parfaite. On sent bien que je ne parlerois pas ainsi d'une héroïne de mon invention. Cette histoire touchante est vraie dans tous ses détails; cette personne, si digne de l'admiration des âmes élevées et sensibles, est encore jeune et belle; tous ceux qui la connoissent trouveront le portrait de *Lucie* bien foible et bien au-dessous de l'original! L'histoire contée par le curé est vraie aussi, du moins quant aux faits principaux.

J'ai voulu qu'il n'y eût, dans cette Nouvelle Maison Rustique, aucun article omis de ceux qui se trouvent dans la plus complète et la plus étendue, celle qui est en trois gros vol. in-4°, pas même les petits *secrets* curieux et particuliers, relatifs aux arts, et la médecine, la cuisine, etc. J'ai abrégé beaucoup de choses, j'en ai développé d'autres, et j'en ai ajouté plusieurs qui ne se trouvent dans aucune Maison Rustique, tels que (outre les chapitres moraux) un petit cabinet d'*histoire naturelle*, la manière d'*empailler les oiseaux* et de *conserver les insectes*, une manière nouvelle de *conserver les papillons* et les *plantes*, beaucoup de recettes inédites, l'*ameublement du château*. J'ai ajouté aux bâtimens une *chapelle* et une *bibliothèque*, et avec détail, pour la chapelle, les choses et les prix spécifiés; pour la bibliothèque de campagne, et à l'usage de la jeunesse, les livres désignés, et leurs prix marqués. J'ai fort étendu les détails du jardinage, relativement à la culture des fleurs. J'ai ajouté l'article *chirurgie*; j'ai entièrement refait les articles intitulés : *Médecine, pharmacie, jardins d'agrément; office, cuisine;* j'ai divisé ce dernier article en deux chapitres, *la cuisine des enfans* et *la cuisine ordinaire*. J'ai inséré enfin dans cet ouvrage plusieurs matériaux recueillis depuis long-temps d'après mes propres observations et quelques mémoires particuliers, entr'autres un morceau très-curieux sur la *manière dont on conserve le blé en Italie*, que j'ai placé à la suite de l'extrait que j'ai tiré de nos auteurs.

Je n'ai nullement l'intention ou le désir d'offrir un ouvrage qui puisse tenir lieu de ceux du même genre que j'ai cités ; au contraire, j'engage toutes les jeunes personnes à se promettre de les lire un jour quand elles seront mères de famille, et je pense que cette lecture sera toujours indispensable pour tous ceux qui voudront acquérir des connoissances véritablement approfondies sur l'agriculture et sur tous les points de l'économie domestique.

J'ai pris de la Nouvelle Maison Rustique, en 3 vol. in-4°, tout ce qui concerne les bâtimens et la manière de bâtir ; ce livre ne laisse rien à désirer à cet égard, on y trouve, avec la plus grande clarté et le plus grand détail, la manière de faire *le mortier, le ciment, les fours à chaux, la brique, la tuile ;* les différentes sortes de *pavés* et de *badigeon,* etc. Je n'ai donné qu'une idée superficielle de toutes ces choses, ainsi que de la manière de bâtir ; et cet abrégé est entièrement tiré de cette Maison Rustique, très-bon et très-utile ouvrage, auquel on ne peut reprocher que de ne pas parler des nouvelles découvertes dans les arts économiques, et d'avoir un plan et une distribution de chapitres dont l'ordre n'est ni naturel ni méthodique; par exemple, le chapitre de *la bâtisse* et de la maison du maître, précède le chapitre *des matériaux*, et après celui-ci on trouve le chapitre *du devis et des fondemens*. J'ai renversé cet ordre, non-seulement en ceci, mais dans tout ce que j'ai tiré de ce livre, dont, malgré ce défaut, les propriétaires qui veulent réellement s'instruire ne pourront jamais se passer. J'ai ajouté souvent quelques notes explicatives sur des choses qui tiennent à l'histoire naturelle, afin que tout soit clair, et que les jeunes personnes qui liront cet ouvrage ne soient pas arrêtées par un mot ou par un fait qui pourroient leur être inconnus.

Si ce livre peut mériter l'approbation des bonnes mères, surtout de celles qui habitent la campagne, s'il peut intéresser les jeunes personnes qui le liront, et contribuer à leur donner le goût de l'ordre, de l'économie et des plaisirs simples, je serai récompensée d'un long travail qui n'exigeoit aucun talent, que nul amour-propre ne pouvoit faire entreprendre, mais qui demandoit beaucoup de recherches, de persévérance et de temps.

TABLE GÉNÉRALE

DES MATIÈRES.

I.   *c*

C.

I. *d*

d.

FIN DE LA TABLE DES MATIÈRES.

NOUVELLE

MAISON RUSTIQUE,

POUR SERVIR

A L'ÉDUCATION DE LA JEUNESSE.

CHAPITRE PREMIER.

Retour en France d'une famille émigrée.

Après une expatriation de dix années, Volnis, qui, jadis possesseur d'une grande fortune, occupoit un rang distingué à la cour, rentra en France en 1801, avec Elmire sa femme, et ses deux enfans, Charles et Julie, le premier âgé de quinze ans, et la seconde de seize. Volnis se rendit d'abord à Paris pour y terminer quelques affaires ; ensuite, ayant recouvré une terre qu'il possédoit en Bourgogne, il partit avec sa famille pour aller s'y établir et s'y fixer. En arrivant dans cette terre autrefois si belle et si bien cultivée, Volnis éprouva les sensations les plus douloureuses ; c'étoit là que, né dans l'opulence et la grandeur, il avoit avec confiance, avec délices, jeté ses premiers regards sur l'impénétrable avenir, et fait les premiers rêves de l'ambition : chaque pas lui présente une affligeante réalité, remplaçant une douce illusion pour jamais anéantie. Chaque souvenir produit au fond de son âme un regret déchirant. La mélancolie qu'il voit empreinte sur les traits de sa compagne, et l'étonnement pénible et naïf de ses enfans, mettent le comble à sa tristesse. Durant les misères de l'exil et les amertumes de l'expatriation, il n'avoit pu s'empêcher de parler souvent à ses enfans de sa fortune passée ; combien de fois il leur a dépeint avec complaisance cette somptueuse habitation, ces majestueuses avenues, ces bois dont il ne reste plus de vestiges, ce magnifique château, dont les ruines mêmes n'existent plus ! Combien il leur a vanté l'amour de ses vassaux, et l'aisance de ce village, qui n'est plus maintenant qu'un amas de masures abandonnées ! car l'intolérance et les persécutions de l'impiété, ont, dans le temps de la terreur, fait déserter les malheureux habitans !....... La foi s'étoit conservée pure dans ce canton, dont les possesseurs, depuis près de deux cents ans, avoient constamment donné l'exemple de toutes les vertus chrétiennes. Le bon curé, forcé d'abandonner les dons offerts successivement par les seigneurs de ce lieu, les ornemens, les tableaux de son église, et de les livrer à la cupidité des tyrans, voulut du moins dérober à leur rage insensée le calice confié à sa garde, et, pour le sauver, il prit la fuite, chargé de ce précieux dépôt. A l'abri de l'oppression, il n'oublia point, sur un rivage étranger, que l'offrande la plus agréable au Rédempteur est le sacrifice généreux de tout ressentiment : en célébrant les saints mystères, en tenant dans ses mains le vase sacré qu'il avoit préservé d'une horrible profanation, ce vase rempli du sang d'un Dieu qui s'immola pour racheter tous les hommes, le digne pontife de Jésus-Christ pria toujours pour ses persécuteurs et pour le salut de sa patrie. Les habitans de sa paroisse, privés de leur seigneur, de leur saint pasteur et de l'exercice de leur culte, abandonnèrent le village qui les avoit vus naître ; ils traversèrent en pleurant les champs fertilisés par eux, et dont des mains impies et sanguinaires devoient recueillir la récolte ; que de travaux perdus !...... Mais la troupe fidèle emportoit avec elle des trésors plus précieux que tous les biens de la terre : la piété, l'innocence des mœurs, des bras robustes et l'amour du travail. Cependant une seule ancienne habitation subsiste encore au milieu de ces débris, c'est celle du fermier.... Ce vieux serviteur est encore là avec sa famille ; Volnis, en découvrant et en reconnoissant sa maison, tressaille ; il éprouve, en comtemplant cette humble habitation, tout l'étonnement que peut causer l'aspect du plus antique monument préservé du ravage des siècles !..... L'homme a sans doute le droit de quitter son pays, lorsqu'il n'a plus de liberté dans l'exercice de son culte, et que la tyrannie lui ravit toute sûreté personnelle; mais combien on doit admirer le courage de celui qui, décidé à devenir, s'il le faut, le martyr de la foi, reste |au milieu des dangers, et brave ainsi les persécutions et la mort, dans l'espoir d'être utile à la patrie, ou par des motifs particuliers d'attachement et de reconnoissance! Le fermier de Volnis, le vertueux Girard, s'étoit flatté de pouvoir sauver quelques papiers importans et quelques effets précieux appartenans à son maître; et cette idée le retint, malgré les craintes que devoit lui donner son attachement reconnu pour Volnis. La Providence bénit son zèle et le préserva de tout malheur; il eut la satisfaction de revoir son maître, et de lui remettre une cassette qui renfermoit en effet des papiers intéressans, sans lesquels Volnis auroit eu à soutenir des procès ruineux dans sa situation. Le bon Girard avoit encore sauvé quelques bijoux, plusieurs pièces d'argenterie, et le portrait du père de son maître; toutes ces choses furent remises avec autant de joie que de fidélité. Volnis et sa famille s'établirent dans la maison du fermier, si heureux de les recevoir et de leur céder ses deux plus belles chambres. Volnis, dans cet humble asile, auroit bien voulu se retrouver en liberté avec Elmire et ses enfans; mais Girard, sa femme et Jeanneton, leur fille unique, ne les laissèrent pas seuls un instant dans toute la journée. Ces bonnes gens revenoient à chaque minute pour leur apporter quelque chose de nouveau, quelques vieux meubles que l'on venoit de découvrir dans la maison, une table, un fauteuil, des oreillers, des flambeaux d'un beau cuivre luisant, brillant comme de l'or, soigneusement nettoyés depuis dix ans, pour ne s'en servir jamais; du linge fin, ménagé aussi depuis le même temps, et tiré des armoires de madame Girard; des carafes remplies de fleurs offertes par Jeanneton. Sur la fin du jour les deux chambres se trouvèrent tellement encombrées et remplies, qu'on ne pouvoit plus s'y retourner. Comment repousser des soins rendus de si bon cœur? On en étoit à la fois et vivement touché et bien importuné, mais on les recevoit avec grâce et sensibilité. Enfin la nuit vint, et le fermier, sa femme et sa fille, excédés de fatigue, après avoir passé neuf ou dix heures à monter, descendre des escaliers, déménager, porter des meubles, se décidèrent à s'aller coucher, et Volnis respira. Après un moment de repos et de silence, s'adressant à Charles et à Julie : « Mes enfans, leur dit-il, vous ne trouvez point ici la pompe dont je vous ai parlé; mais vous y voyez ce qui vaut mieux que du faste, des serviteurs fidèles, des cœurs reconnoissans. Nous avons perdu tout ce qui peut fournir au luxe ; la Providence nous a conservé tout ce qui donne l'aisance. Il est vrai que nous n'en pourrons jouir que par le travail, car il faut tout refaire, et cette obligation que le ciel nous impose est un bienfait de plus;

ces travaux de tout genre vous donneront une instruction solide et nécessaire ; vous allez avec moi fonder votre héritage ; vous allez apprendre à n'estimer que les richesses véritables, celles que nous offre l'ingénieuse agriculture. Vous, mon fils, vous me seconderez dans les soins relatifs à la culture de ces champs dévastés ; et dans l'ordonnance des bâtimens qu'il faut reconstruire, vous m'aiderez à conduire les ouvriers. Nous n'éleverons point de somptueux édifices, et nous n'en serons logés que plus commodément ; néanmoins nous tâcherons de mettre du goût dans nos distributions, et l'industrieuse économie nous fournira les moyens d'allier souvent l'agréable à l'utile, et l'élégance à la simplicité. Vous, ma chère Julie, vous serez chargée de travailler dans l'intérieur de la maison, que les femmes sont faites pour embellir ; et vous recevrez de votre mère les leçons et tous les exemples qui pourront vous former à cet égard ; nous resterons dans cette humble demeure jusqu'à ce que nos travaux soient terminés, et que nous puissions, sans danger, loger dans des bâtimens neufs. »

CHAPITRE II.

Les souvenirs.

Le lendemain matin Volnis se réveilla à la pointe du jour; son fils, couché dans sa chambre, dormoit profondément; Volnis se leva sans bruit pour ne point le réveiller; et comme il alloit sortir de la maison, il rencontra Elmire et Girard; ce dernier lui dit qu'il se disposoit à conduire Elmire sur l'emplacement du château, dans le lieu même où jadis étoit la chapelle. Et comment, dit Volnis, en reconnoîtrez-vous la place? Oh! répondit Girard, c'est dans cette chapelle que nous avons vu célébrer vos noces; j'ai su la marquer de manière à ne jamais la méconnoître! Quand elle fut démolie, j'y semai à travers les décombres une quantité de graines de violettes, de muguet et de réséda, qui vinrent par grosses touffes l'année d'ensuite; aussitôt qu'on eut enlevé toutes les pierres, je plantai un ébénier à l'endroit même où jadis étoit l'autel, dont j'avois soigneusement marqué la place; l'arbre a prospéré, vous le trouverez tout couvert de fleurs. Durant l'absence de nos bons seigneurs, poursuivit Girard, nous n'avons pas, ma femme, ma fille et moi, passé un seul jour sans aller prier là; nous nous y rendions chaque matin avant le lever du soleil : ce petit coin de terre nous tenoit lieu d'église, nous l'appelions toujours *la chapelle du château ;*

l'autel de marbre, les belles dorures, les belles peintures ne s'y trouvoient plus, mais le bon Dieu y étoit toujours; il recevoit nos prières, il vient de les exaucer, puisque vous voilà de retour. Enfin, anssitôt que la religion et la tranquillité nous ont été rendues, j'ai façonné de mes mains une croix de bois, que j'ai placée sur un tertre de gazon au pied de l'ébénier.

Après ce récit naïf, Volnis attendri dit au bon Girard que ces renseignemens lui suffisoient pour découvrir et pour reconnoître ce lieu consacré par la religion et par de fidèles souvenirs. Girard entra dans la ferme, Volnis et Elmire prirent le chemin qui conduisoit à l'emplacement de l'ancien château. Ils étoient profondément émus l'un et l'autre; ils marchoient en silence. Au bout d'un demi-quart-d'heure Elmire tressaille, elle aperçoit l'ébénier, dont les guirlandes de fleurs, d'un jaune éclatant et doré, retombent avec élégance sur la croix de bois qu'elles ombragent.... Elmire serre doucement la main de Volnis.... Les deux époux s'avancent et se mettent à genoux au pied de la croix, à la même place où, dix-sept ans auparavant, ils s'étoient unis l'un à l'autre par un lien sacré!...... Combien depuis ce temps leur affection s'est fortifiée au sein du malheur !.... Avec quelle ferveur et quel profond sentiment de reconnoissance ils renouvellent le serment religieux qui les enchaîne l'un à l'autre! Après avoir béni, remercié le ciel, Volnis s'assied sur le tertre

de gazon, et, pressant la main d'Elmire dans les siennes : O mon amie, lui dit-il, quand votre mère vous conduisit dans ce lieu pour m'y céder tous ses droits, elle crut assurer à sa fille une brillante destinée !.... Et qu'ai-je pu vous offrir ? un exil rigoureux ! Les plus belles années de votre jeunesse se sont écoulées sous un ciel étranger, et dans les privations de tout genre ! Mais sans nos malheurs, aurois-je pu connoître la force et la générosité de votre caractère, et la sensibilité de votre cœur ?......
— Ah ! reprit Elmire, le ciel m'est témoin que je n'ai gémi que sur la perte de nos proches, de nos amis, et sur les regrets que je devois vous supposer. Les hommes ont une utile carrière à parcourir ; mais une infinité d'événemens peuvent, en dépit d'eux, ralentir ou suspendre cette course glorieuse ; notre vie moins brillante dépend beaucoup moins des caprices de la fortune : si une femme a toujours été fille soumise, épouse fidèle, bonne mère, elle a parfaitement rempli sa destinée, il est toujours en son pouvoir d'en atteindre le but ; n'est-ce pas disposer de son sort ? En perdant votre rang, votre état, vous aviez perdu tous les moyens de servir votre pays et d'acquérir de la gloire ; et moi j'avois conservé mon époux et mes enfans ; j'ai pu même, durant notre exil, leur consacrer des soins plus assidus et plus tendres.... Mon ami, nous n'avions plus une somptueuse habitation ; mais dans l'asile obscur qui nous accordoit l'hospitalité, de vains devoirs de bienséance et de

société ne m'arrachoient point d'auprès de vous, l'ambition et la dissipation de la cour et du grand monde ne vous éloignoient point de moi. Vous étiez seul chargé de l'éducation de votre fils ; je vous voyois chaque jour vous attacher à nos enfans, comme le meilleur des pères et comme le plus zélé de tous les instituteurs ; enfin, j'étois l'unique dépositaire de vos peines, vous aviez besoin de moi dans tous les instans..... Oh ! quels jours prospères pour l'ambition et pour la vanité auroient pu me procurer d'aussi pures jouissances ?... — Mon Elmire, reprit Volnis, vous trouverez ici ce bonheur que vous dépeignez d'une manière si touchante, nous le goûterons dans notre patrie et sans mélange d'inquiétude. Les revers que nous avons éprouvés serviront du moins à rendre notre avenir plus heureux : nous ne vivrons plus pour la vanité, c'est-à-dire pour briller aux yeux des indifférens ; on ne citera point désormais notre château comme le plus magnifique de la province ; mais nous ne ferons plus de dettes ruineuses pour y réunir de grands personnages qui nous apportoient tout l'ennui qu'entraînent la gêne et l'étiquette, nous n'y recevrons que de véritables amis : on ne vantera plus les merveilles de nos jardins ; on n'y verra point de grottes humides, de rivières factices, d'eaux croupissantes, des tombeaux vides, des ruines sans souvenirs, des montagnes, des allées étroites et tortueuses qui rendent la promenade aussi fatigante qu'un pénible voyage ;

mais avec quelle joie nous recueillerons les fruits cultivés de nos mains! avec quelles délices notre vieillesse se reposera sous l'ombrage des jeunes arbres que nous aurons plantés! Oh! combien je bénis la Providence qui, par des leçons sévères, mais utiles et bienfaisantes, m'a dessillé les yeux, et me fait enfin connoître que c'est aux champs, dans les travaux de la campagne, loin des intrigans et des ambitieux, au sein de l'innocence, de la nature et de l'amitié, qu'il faut chercher le bonheur! Oui, c'est ici qu'il réside pour moi, et c'est par vous surtout, mon amie, qu'il y sera fixé. »

En disant ces paroles, Volnis se leva afin de parcourir avec Elmire tout le terrain occupé jadis par leur ancienne habitation. Après avoir fait deux ou trois cents pas, il s'arrêta, et regardant tristement Elmire : « Ce lieu plein de chardons et d'orties, dit-il, le reconnoissez-vous? C'est ici que se trouvoit notre magnifique serre...; il m'est permis de la regretter, je l'avois bâtie pour vous. Que sont devenues ces immenses galeries, où, jouissant des plus belles productions de toutes les parties du monde, où, nous enivrant de tous les parfums des Indes et de l'Arabie, nous avons passé de si délicieux momens? Ici, nous étions, comme nos premiers pères, entourés de toutes les richesses réunies de la création..... les jardins ravissans d'Eden ont disparu, et nous voilà sur une terre aride qu'il faut défricher. Mais soumettons-nous :

n'avons-nous pas mérité, par trop d'imprévoyance, trop de goût pour le faste, d'être bannis, du moins pour un temps, du paradis terrestre ?... » Comme il disoit ces mots, il aperçut ses enfans qui venoient à lui avec l'architecte qui devoit faire le plan des nouveaux bâtimens. On se remit en marche pour achever d'examiner les terrains.

CHAPITRE III.

Lecture d'une nouvelle maison rustique.

En parcourant l'emplacement de l'ancien château, Volnis remarqua que l'exposition en avoit été mal choisie, et qu'on auroit pu le bâtir dans un plus beau site. « Ainsi, poursuivit-il, sous ce rapport, la démolition nous est avantageuse, nous y gagnerons une habitation plus saine, plus gaie et plus commode. »

Dans le cours de cette promenade, Charles fit à son père plusieurs questions sur l'agriculture. « Mon fils, lui dit Volnis, je vous répondrai ce soir. »

En effet, le jour même, après le dîner, aussitôt qu'Elmire et Julie furent établies à leurs métiers de tapisserie, Volnis tira d'un grand porte-feuille un manuscrit de son écriture, et, faisant asseoir Charles à côté de lui : « Mon fils, dit-il, j'ai composé pour votre éducation et pour celle de votre sœur ce petit ouvrage qui répondra à toutes les questions que vous me faisiez ce matin. Je ne vous l'ai pas communiqué plus tôt, parce que nous ne possédions pas un pouce de terre; maintenant que notre propriété nous est rendue, je vous lirai ce manuscrit à mesure que nous avancerons dans nos travaux, et je vais commencer. » A ces mots, Julie, pour mieux écouter son père, posa son aiguille. Elmire vit ce mouvement: « Ma fille, dit-elle, il faut qu'une femme s'accoutume à écouter en travaillant; le travail des mains est tellement fait pour notre sexe, qu'il est pour nous un maintien nécessaire; il faut qu'il nous soit si familier qu'il ne puisse pas nous distraire de la conversation. C'est dans les entretiens de votre père, beaucoup plus que dans les livres, que j'ai puisé le peu d'instruction que j'ai, et c'est en l'écoutant que j'ai fait ce meuble si considérable et presque complet que nous achevons présentement. — Quoi qu'en dise votre mère, interrompit Volnis en souriant, elle a beaucoup lu, mais elle n'en est pas moins la femme la plus laborieuse et la plus adroite que je connoisse. — Ah! reprit Elmire, l'instruction la plus solide que nous puissions acquérir, est toute de tradition; nous la devons à un père, à un époux, celle-là ne se perd point; elle se grave dans le cœur ainsi que dans la mémoire, et elle n'inspire point de vanité, elle ne donne que de la reconnoissance; mais, poursuivit-elle, commencez donc cette lecture si intéressante pour nous. »

Volnis déploya son manuscrit. « Je vais, dit-il, vous lire le premier chapitre ; et si vous trouvez dans ces instructions quelque chose d'obscur, ou qui ne soit pas assez détaillé, je vous demande de m'arrêter et de me questionner ; car on ne retient bien que ce que l'on comprend parfaitement. » Après ce petit préambule, Volnis lut tout haut ce qui suit :

De l'acquisition d'un bien, de la bonne terre, de ses productions. Du devis.

Avant d'acquérir un bien de campagne, il faut examiner si la situation en est saine. Les pays où l'on cultive le chanvre, quelle que soit la bonté naturelle de l'air, ne sont pas habitables dans la saison où l'on fait rouir le chanvre ; car les émanations du chanvre qui pourrit dans l'eau infectent l'atmosphère, et produisent des fièvres épidémiques. Dans les lieux qui manquent d'eau, l'air est aussi nécessairement mauvais, surtout durant l'été, parce que tous les paysans ont devant leurs maisons de grandes mares d'eaux croupissantes qui, desséchées par les chaleurs de l'été, rendent l'air excessivement malsain. Dans tous les cas, il est bon qu'il y ait une certaine distance entre l'habitation et le village, afin d'éviter la contagion des rougeoles, des fièvres rouges, etc., si communes parmi les paysans au printemps et en automne. Une maison entourée d'étangs, ou située au bas d'une montagne, ou immédiatement environnée d'ombrages, est toujours humide, et par conséquent malsaine ; il faut aussi examiner avec soin la qualité de l'eau ; la bonne eau à boire est celle qui fait mousser le savon, dans laquelle les légumes cuisent facilement, et dont la saveur est agréable : l'eau fade est mauvaise et dangereuse ; sa limpidité est aussi une qualité essentielle ; enfin, il faut s'informer de tout ce que la terre peut rapporter, et de la dépense dans laquelle elle peut entraîner.

La bonne terre franche, grise, rouge ou noire, et douce, se connoît à l'œil par les gens expérimentés et par ses productions. La terre grasse se connoît si, en versant sur une motte de l'eau douce et la pétrissant, on la trouve un peu gluante, et ses parties adhérentes entre elles. Pour s'assurer de la profondeur de la bonne terre et des différentes couches, on peut faire des trous en différens endroits. Plus la bonne terre a de profondeur, meilleure elle est ; et, en général, si la terre tirée du trou ne suffit pas pour le recombler, elle est maigre et mauvaise ; si elle le remplit exactement, elle est médiocre ; mais s'il en reste, le trou rempli et comblé, elle est grasse et bonne.

La variété des productions peut être plus ou moins avantageuse, suivant l'intelligence du propriétaire, le local et les débouchés.

Les prés et les bois de bonne qualité sont, de tous les biens, ceux qui exigent le moins de soins et de frais, surtout quand ils sont à portée des rivières, des grands chemins, et principalement de quelque grande ville où on peut les débiter.

Trop de vignes est souvent à charge, et surtout si le vin n'est pas de garde.

L'eau qui sert à abreuver les bestiaux ne doit pas être éloignée de la maison. Il faut éviter de faire boire les bestiaux dans les eaux stagnantes ou de mare : c'est de cette boisson que viennent la plupart des épizooties, dont très-souvent on ignore la cause.

On doit s'éloigner en général des grands chemins et des grandes rivières.

Il faut que la maison soit élevée de terre au moins de trois marches, qu'elle ait tout au plus deux étages au-dessus du rez-de-chaussée, que l'exposition en soit bonne, les faces au midi et au nord, ou les encoignures aux quatre points cardinaux, en sorte que toutes les faces voient le soleil : sa situation entre cour et jardin est la plus commode et la plus agréable.

Le devis est un marché par écrit, contenant toutes les clauses et conditions convenues avec l'entrepreneur, pour la construction ou le rétablissement d'un bâtiment, ou le marché en détail, l'ordre et la disposition de l'ouvrage, la qualité et la quantité des matériaux, leurs prix et les frais de la main-d'œuvre.

On observera, choses essentielles, que le tout sera *toisé de bout avant*, sans retour, et non *selon les us et coutumes*. On n'oubliera pas la garantie pour un temps quelconque, à compter du jour que les bâtimens seront achevés. La maxime reçue est que les maçons, charpentiers, et autres ouvriers de cette sorte, sont garans de leurs ouvrages pendant dix ans, à compter du jour qu'ils sont achevés, quand ce sont des ouvrages d'une matière solide ; et pendant six ans seulement, quand l'ouvrage est de terre ou d'une autre matière médiocre. Les architectes, et généralement tous ceux qui prennent les ouvrages en leur nom, sont assujettis à cette garantie. Mais elle ne s'étend pas aux cas fortuits, tels que le feu, le tonnerre, les inondations extraordinaires, la guerre, etc. On ne voit pas qu'on assujettisse à cette garantie les menuisiers, plombiers, carreleurs et paveurs : cependant ils ne devroient pas moins être responsables que les autres des vices de leurs ouvrages, du moins pendant six ans, savoir : les menuisiers, de la verdeur et autres défectuosités des bois et de leur mauvais assemblage ; les paveurs, de la mollesse du pavé ; les carreleurs, du mélange d'un plâtre éventé avec la poussière. Au surplus, le particulier peut obliger dans son marché chaque ouvrier à garantir son ouvrage pendant un espace de temps convenu entre eux, et stipuler les conditions de la garantie. En faisant le total de la dépense de chaque partie, on remarquera que la maçonnerie en emporte ordinairement la moitié ; la charpente, presque le quart ; les couverture, menuiserie (en les supposant communes), serrurerie, vitres et pavé, l'autre quart. Il faut savoir que, quelque bien calculé que soit un devis, la dépense passe toujours celle qu'on a calculée d'avance. Ainsi, ceux qui bâtissent doivent compter là-dessus. Il est bon qu'ils le sachent, afin de ne pas s'engager dans des dépenses au-dessus de leurs moyens.

CHAPITRE IV.

Des matériaux, de leurs qualités, poids et mesures.

Les principales matières pour bâtir sont le bois, les pierres, la terre et le sable; de la terre on fait les briques, les tuiles, les carreaux, le ciment, et quelquefois le mortier; et de la pierre on fait la chaux. Il sera parlé du bois dans l'article de la charpente et de la menuiserie.

Des pierres et du moellon.

Les petites pierres trop dures et trop unies ne sont pas propres à bien prendre et aspirer le mortier. La plus mauvaise est le grès, et il est défendu aux maçons de s'en servir en cailloutages et façon de moellons. Quantité de bâtimens sont faits de gros carreaux et quartiers de grès; mais il faut que le grès soit piqué, autrement il glisse. Pour cela on a des outils particuliers : il ne se travaille pas comme la pierre et le marbre, qui se taillent.

Dans les grands édifices, on doit se servir des pierres les plus grandes et les plus dures, pour qu'ils soient plus beaux et plus solides.

Les pierres ordinaires dont on se sert pour bâtir sont différentes, suivant les pays. Il n'y a point de département en France où l'on n'en tire d'excellentes, principalement aux environs de Paris. Outre les trois excellentes carrières de Cliquart, de Bonbanc et de Liais, qui fournissent en bonne partie de la pierre qu'on emploie à Paris, il y a encore celles d'Arcueil, d'Ivry, de Charenton, de Saint-Maur, de Passy, de Saint-Cloud et de Meudon, d'où l'on tire des pierres d'une grandeur extraordinaire et très-dures ; de Montesson, à trois lieues de Paris, où la pierre est d'une blancheur et d'une dureté qui approchent du marbre ; celle de Saint-Leu, tendre à tailler, mais qui durcit à l'air; celle de Vergelé, plus dure, plus rude et moins polie, et qui sert ordinairement pour les quais, voûtes et souterrains. Ces deux dernières se vendent au tonneau, qui contient quatorze pieds de pierres cubes du poids de seize cent dix livres ; le pied cube pesant cent quinze livres, et le moellon et autres pierres à peu près de même.

On appelle *liais* ou *franc-liais* une espèce de pierre très-dure, blanche, approchant du marbre blanc, et qui reçoit un poli avec le grès. C'est la plus dure et la meilleure de toutes les pierres ; elle résiste à la gelée et aux injures du temps.

La pierre de taille se vend à la voie à Paris.

A chaque voie il y a cinq carreaux, c'est-à-dire quinze pieds de pierre ou environ. On les appelle *carreaux de pierre*, quand il n'y en a que deux ou trois à la voie; quand il n'y en a qu'un, on dit quartier de pierre; et quand il y en a plus de trois, on dit *libes* ou *libages*. Les libages sont encore différens des carreaux de pierre, en ce que les libages se font du ciel des carrières, ou ce sont de gros moellons, ou du moins de bons morceaux de pierre dont on ne peut pas faire une pierre de taille. Il y a ordinairement six ou sept pierres de libage à la voie, et on les emploie pour les fondemens des grands ouvrages; car pour les petits on se contente de moellon. On achète aussi les pierres de taille au pied, selon l'appareil, c'est-à-dire selon leur grosseur et leur épaisseur. Le pied cube pèse cent trente-neuf livres huit onces.

On fait tirer la pierre en été, principalement celle qui est susceptible de gelée, afin qu'exposée au soleil la chaleur dissipe toute l'humidité qui fait que la pierre gèle. Celle qui sort la plus dure des carrières est la meilleure; quand elle est poreuse, elle doit être rejetée comme d'un très-mauvais usage. Il faut se servir de celle dont on est le plus à portée, et pourvu qu'elle soit dure, elle est toujours bonne.

Lorsqu'on emploie des pierres qu'on tire des carrières, il faut prendre garde qu'il n'y ait du *bouzin*. Le bouzin n'est autre chose qu'un lit ou une couche de terre très-mal pétrifiée, qu'on remarque sur les pierres sorties nouvellement des carrières, et qu'il faut que les carriers abattent avant de les livrer, autrement on en achète une plus grande quantité de pieds qu'on ne doit; ils deviennent inutiles lorsqu'il faut les mettre en œuvre; outre que le bouzin est souvent cause de la ruine des bâtimens où il est employé, parce qu'il n'a point de consistance.

Le *moellon* est une pierre blanche assez tendre, qui se tire des carrières, en moindres morceaux que les pierres de taille. On appelle moellon *gisant* celui qui a le plus de lit, et où il y a moins à tailler pour le façonner; moellon de *plat*, celui qui est posé sur son lit dans les murs qu'on élève à-plomb; moellon en *coupe*, celui qui est posé de champ dans les constructions de voûtes; moellon *piqué*, celui qui, après avoir été ébouziné, est piqué jusqu'au vif avec la pointe d'un marteau; il sert pour les voûtes et les puits: et moellon *d'appareil*, celui qui est équarri comme un petit carreau de pierre.

Le meilleur moellon est celui qui est le plus dur, et qui se tire du plus profond des carrières. Il doit être ferme, âpre, plat, et de bonne assiette, et avoir été équarri, puis hiverné avant d'être employé, afin qu'il ne se casse point à la gelée. Quand il y a résisté les deux premières années, il dure long-temps; mais les murs de moellons ne peuvent guère porter de charge; il faut même, pour leur donner plus de force, mettre trois lits de briques sur deux lits de moellons, outre quelques chaînes de briques qu'on fait d'espace en espace dans la hauteur du mur, et outre le chaperon qui doit être aussi de briques, si le mur n'est pas couvert. Le moellon est celui des matériaux où l'ouvrage va plus vite. Le moellon brut et biscornu, pourvu qu'il soit dur, sert aux fondemens et à garnir le dedans des murs.

Avant de mettre en œuvre les pierres qu'on trouve ordinairement dans les excavations, il faut les éprouver ; quelques-unes se réduisent en poudre, ou s'effeuillent dès qu'elles sont à l'air, et d'autres se dissolvent en les jetant dans l'eau. On les laisse passer l'hiver en tas à l'air et à la gelée, avant de s'en servir.

Les pierres de roche et de meulière sont fort estimées pour la maçonnerie, surtout dans les fondemens.

Les cailloux unis, surtout ceux de mer, en doivent être rejetés comme peu lians, et par conséquent très-mauvais pour bâtir solidement au-dessus de terre ; mais on peut s'en servir dans les fondemens et dans les murs de simple clôture à la campagne.

On appelle les menues pierres de maçonnerie, du *blocage*.

Du plâtre.

Le *plâtre* est une pierre fossile qui, pour l'ordinaire, est d'une couleur grisâtre ; il est d'un grand usage pour les bâtimens ; on l'y emploie cru et cuit : le plâtre cru, autrement dit la *pierre de plâtre*, sert aux enduits, à lier les pierres, à garnir les murs, les plafonds et les cheminées. On en fait aussi toutes sortes d'ouvrages au moule. Le plâtre au sas est celui qui est fort menu et passé par le tamis.

Le plâtre pour les murs et les enduits des bâtimens est cuit et mis en poudre avec une batte. La bonne cuisson du plâtre se connoît en le mouillant : quand elle est parfaite, le plâtre a une espèce d'onctuosité et de graisse qui le colle au doigt ; quand elle est imparfaite, il est rude et ne tient point à la main. Le plâtre mal cuit ne reprend pas de qualité en le remettant au four ; les pierres doivent avoir été tirées de la carrière long-temps avant que d'être mises au four, où elles doivent calciner à feu modéré et égal ; c'est pourquoi le plâtre du milieu du four est ordinairement le meilleur : la cuisson violente le rend aride et sans liaison, de même que celui qui n'est que de poussière et de gravois battus à la machine.

Le plâtre doit être employé, s'il est possible, au sortir du four et tout chaud. Il ne faut point le mettre dans des lieux humides ou trop aérés, ni au soleil, encore moins à la pluie ; l'humidité en affoiblit la force, le soleil le dessèche, et le grand air l'évente.

Il faut, le moins qu'on peut, l'employer pendant l'hiver, parce que le froid glaçant l'eau avec laquelle on l'a gâché, il tombe par éclats quand ce sont de gros murs, et il se fend quand ce sont des enduits. *Fouetter le plâtre,* c'est le jeter contre le mur ou contre une cloison avec le balai.

Le plâtre cru se vend à la toise, et le cuit au muid, qui contient trente-six sacs, et deux boisseaux à chaque sac, où souvent il ne s'en trouve qu'un et demi, les plâtriers donnant très-rarement la mesure. La voie de plâtre est de douze boisseaux; trois voies font le muid, et le muid fait trois toises de mur de quinze à seize pouces d'épaisseur. On reblanchit ces murs avec du lait de chaux. Le pied cube de plâtre pèse quatre-vingt-cinq livres; trois sacs ou six boisseaux, pesant deux cent vingt-cinq livres, font la charge d'un âne.

Pour faire un plancher de plâtre, faites fondre dans une chaudière cinq livres de colle-forte d'Angleterre ou de Flandre, avec deux morceaux de chaux vive et une demi-livre de gomme arabique; ces drogues étant fondues ensemble, il faut les mettre dans un tonneau d'eau, et de cette eau gâcher le plâtre passé au sas, pour faire l'enduit du plancher d'un doigt d'épaisseur. Le plâtre ainsi trempé doit être plus épais qu'à l'ordinaire.

Pour donner de la couleur à ces planchers, on prend de la suie de cheminée, qu'on délaie bien dans de l'urine, et qu'on laisse infuser pendant deux jours; ensuite on râtisse le plancher, on verse la liqueur bien infusée; on le frotte avec des torchons ou avec des brosses; on le laisse bien sécher avant d'y marcher, et quand il est sec on le frotte comme les planchers de bois.

Briqueter, c'est contrefaire la brique sur le plâtre avec une impression de couleur d'ocre rouge, sur laquelle on marque les joints avec un crochet. Cela ne dure pas long-temps et devient désagréable à la vue.

De la chaux, du sable, du mortier et du badigeon.

La *chaux* qui sert à lier les ouvrages de maçonnerie n'est autre chose que de la pierre qu'on a *calcinée*, c'est-à-dire cuite au feu dans des fours bâtis exprès, et dont le feu a desséché toute l'humidité et a introduit en sa place une grande quantité de corps ignés. Ce sont ces petits corps qui causent l'ébullition lorsque l'eau a pénétré la matière qui les tenoit enfermés, et cette ébullition dure jusqu'à ce que toutes les parties de la chaux ayant été dilatées, les parties du feu soient en liberté et ne fassent plus d'efforts pour sortir.

La chaux *vive* est celle qui sort du fourneau ; et la chaux *éteinte* est celle délayée avec de l'eau dans un bassin, dont on fait du mortier. La meilleure chaux est celle qu'on éteint au sortir du fourneau ; et plus la pierre dont on la fait est dure, plus elle est grasse et glutineuse. Le meilleur mortier se fait de celle dont la matière est la plus épaisse et la plus forte.

On fait de la chaux avec les pierres, le marbre, les cailloux et les coquilles ; mais à proportion qu'elle est faite de matières intrinsèquement plus grasses que sèches, meilleure elle est. Les pierres, pour être propres à faire la chaux, ne doivent diminuer que d'un tiers, ou tout au plus que de moitié à la cuisson : si elles diminuent davantage, elles n'y sont point propres.

La chaux est bonne lorsqu'elle est bien cuite, blanche, grasse, qu'elle sonne bien en frappant, et quand, en la mouillant, il en sort une fumée épaisse et qui s'élève aussitôt en l'air. On jugera de la nouvelle cuite de la chaux, par le plus ou moins de promptitude qu'elle mettra à s'échauffer et à tomber en poudre ; la plus pesante est la meilleure.

Pour se servir de la chaux, on la détrempe et on la délaie sur la terre, dans un bassin formé des terres relevées autour ; elle s'écoule à mesure dans une fosse plus profonde à côté, capable de la contenir. On n'y met ni trop ni trop peu d'eau ; et quand elle est rassise, ou épaissie dans la fosse, on jette par-dessus un ou deux pieds de sable, sous lequel elle se conserve plusieurs années, et n'en est que meilleure. Un minot de bonne chaux en pierre donne deux minots de chaux éteinte. La bonne vient de Champigny.

Le muid de chaux cuite, en pierre, contient, à Paris, douze futailles ou douze setiers, et pèse deux mille huit cent trente-deux livres, le setier deux cent trente-six livres ; le minot de trois boisseaux, faisant un pied cube, cinquante-neuf livres ; des douze futailles, six sont mesurées comble, et les six autres rases.

Quant au sable, il y en a de si bon, qu'on emploie cinq et jusqu'à sept fois plus de sable que de chaux; il y en a de si mauvais, qu'il faut autant de chaux que de sable. On distingue trois sortes de sable, celui de mer, celui de rivière, et celui de terre, qu'on appelle autrement *sable de terrain*, *sable de sablonnière*, ou *sable de cave*, parce que pour l'avoir il faut caver dans la terre. Celui de mer sèche difficilement; il ne se lie point, il n'est pas de bon usage. Celui de rivière est le plus pur de tous; ce sable, le plus graveleux, est le meilleur; il ne faut l'employer que lorsqu'il est sec, car l'humidité du sable affoiblit l'action de la chaux. Un tombereau, qui est la mesure du sable, a deux pieds de haut, deux de large et quatre et demi de long; vingt-quatre tombereaux, médiocrement chargés de sable ou de terre, font une toise cube.

Le sable de rivière, à Paris, se mesure aussi au tombereau, contenant vingt-sept boisseaux; les vingt-quatre tombereaux, chargés de sable ou de terre, font une toise cube, chaque tombereau contenant neuf pieds cubes; en d'autres endroits on le mesure à la bachotée. Le pied cube de sable de rivière pèse mille cent trente livres, et le tombereau ci-dessus est du poids de mille cent soixante-dix livres. Le pied cube de sable terrain pèse cent vingt livres, et le tombereau de la matière ci-dessus est du poids de mille quatre-vingts livres. Le mortier pèse comme le sable terrain. Pour détremper la chaux et le sable et faire de bon mortier, il ne faut se servir que d'eau de rivière, de pluie, de fontaine; les eaux de mer ou de marais ne valent rien. La chaux délayée, détrempée avec de bon sable bien pétri, ou, comme disent les ouvriers, bien *corroyée* avec le rabot à force de bras, sans être noyée d'eau, compose un mortier qui lie parfaitement les pierres et moellons. Le mortier n'est autre chose que de la chaux détrempée avec du sable, du ciment, ou de la pozzolane (1). Notre mortier ordinaire est d'un tiers de chaux, et deux tiers de sable, dans lequel il faut mettre

(1) On donne ce nom à une espèce de sable, ou plutôt de débris volcanique, qui se trouve dans le territoire de Pouzzoles en Italie, près de Naples.

On en trouve aussi à la Guadeloupe, à la Martinique, à l'Ile-de-France, et même en Auvergne, et dans tous les cantons volcanisés. On doit regarder la pozzolane comme le résultat d'un mélange de parties sableuses, terreuses, ferrugineuses, etc., endurcies, liées et accrochées ensemble jusqu'à la grosseur d'un pois, et qui ont été altérées, ou calcinées, ou fondues par des feux souterrains. Cette espèce de débris volcanique est d'un rouge brun et d'une forme croûteuse et graveleuse, plus ou moins poreuse et friable; on s'en sert avec succès pour cimenter les pierres des môles et des édifices que l'on construit dans les lieux maritimes, et même dans la mer. On y joint parties égales de sable de rivière, et quatre à cinq parties de chaux; on étend le mélange dans de l'eau, et on l'emploie aussitôt, car la pozzolane ainsi préparée a la propriété de durcir aussi promptement que la pierre à plâtre calcinée, et de former l'agrégat le plus solide.

(*Dict. de Bomare.*)

le moins d'eau possible ; mais quand ce mortier sèche trop, il n'est pas de durée ; il faut aussi en l'appliquant discontinuer le travail plus ou moins de temps, selon que le mortier est plus long-temps à sécher, suivant la saison et le pays, afin que l'ouvrage ait le temps de s'affermir et de prendre corps avant d'être surchargé. Et voilà pourquoi le propriétaire trop impatient de jouir, et pressant outre mesure l'architecte et les ouvriers, n'aura jamais une maison solide. Rappelez-vous toujours, mes enfans, qu'un des caractères distinctifs de la sagesse, est de savoir attendre, parce que rien de bien ne peut être fait sans le temps que les gens expérimentés jugent nécessaire.

Le mortier gras, c'est-à-dire, où il y a trop de chaux, ne vaut rien. On fait aussi du mortier avec de la terre, au lieu de chaux.

Le badigeon est un mortier qui se fait de recoupes de pierres de taille, dont on enduit et on colore le plâtre des murailles, pour le faire ressembler à la pierre de taille. Les sculpteurs en pierre ont aussi leur badigeon, qui est du plâtre mêlé avec la pierre même dont la figure est faite, que l'on met en poudre et que l'on détrempe pour remplir les trous des figures, et en réparer les défauts. Les menuisiers et les sculpteurs en bois ont de même leur badigeon, qu'ils font avec la sciure de bois détrempée avec de la colle-forte, pour remplir les gerçures et autres défectuosités du bois.

On fait du mortier de terre pour les murs de clôture ; souvent aussi la terre sert à faire des murs de bauge, soit de pierrailles ou de simple torchis. Enfin, c'est avec de la terre qu'on fait la tuile, la brique, le carreau et le ciment.

De la tuile, de la brique, du carreau et du ciment.

La *tuile* se fait avec de la terre franche, rouge ou blanche, mêlée avec un peu de terre glaise. Si la terre est trop forte et sujette à fendre, on y met du sable fin et doux, qui en diminue la force en même temps qu'il en augmente la dureté. On connoît la bonté de la tuile, lorsque, frappée en l'air, elle sonne bien, et que la couleur est d'un rouge foncé ; au lieu que quand ce rouge est jaunâtre, c'est une marque que la tuile n'est pas bien cuite, et elle n'est pas de durée. La tuile vieille cuite est la meilleure pour le service.

Il y a des pays où l'on fait des tuiles plombées et vernissées, qui durent plusieurs siècles.

Plus la matière dont on couvre le toit est pesante, plus le toit doit être baissé, et la charpente forte ; on met quatre chevrons à la latte qui a quatre pieds de long.

La tuile se vend, à Paris, au millier, de différens échantillons. La tuile du grand moule vient de Passy et de Bourgogne ; celle de Passy passe pour la meilleure ; elles sont l'une et l'autre du grand moule.

La *brique* est aussi une terre franche, rouge, grasse, ou de la glaise cuite au four, et façonnée à peu près comme la tuile. La brique de Bourgogne est préférable, par sa qualité et sa dureté, à toutes les autres (1).

Le *carreau* contient beaucoup de terre glaise, qui est plus ferme. On doit y faire, pour le choix, la même attention que pour la brique.

Le *ciment* des maçons est de la tuile ou de la brique concassée et réduite en poudre grossière, mêlée avec de la chaux éteinte. Il est excellent pour les ouvrages de maçonnerie, qui se font dans l'eau ; il résiste à cet élément, puisqu'ayant la glaise pour origine, il en retient la ténacité, quand il est bien employé.

Le ciment de tuile bien battu est plus estimé que celui de brique. On le détrempe avec de la chaux, à l'aide du rabot ; et plus il est remué, meilleur il est. Il entre dans une toise un setier de ciment et un minot ou trois boisseaux de chaux.

Le *ciment* des fontainiers, qu'on appelle quelquefois *ciment* éternel, est fait de brique de charbon-de-terre, d'écailles de fer ou mâchefer (2), et de chaux vive, bien broyés

(1) La poudre de brique est dessiccative, astringente, et propre pour arrêter le sang, étant appliquée extérieurement. C'est avec la brique rougie au feu et l'huile d'olive que l'on prépare l'*huile* dite *de brique* ou *des philosophes*.

(2) Le *mâchefer* est le résidu de la combustion de l'espèce de charbon-de-terre qui est compact ou

ensemble et corroyés dans de l'eau. Ils en ont un autre qui n'est que de la poix noire mêlée avec des cendres tamisées : les lunetiers s'en servent aussi.

On appelle *ciment* des verriers-faïenciers une composition de chaux vive, de farine de seigle, de blancs d'œufs et d'eau salée, dont ils se servent pour rejoindre les pièces du verre, de la faïence et de la porcelaine fine ; on peut l'employer pour tous autres ouvrages de terre. Ils ont encore un autre ciment propre aux mêmes usages, fait de chaux vive pulvérisée, de deux fois autant de brique passée au tamis, détrempée avec l'huile de noix.

Du pavé.

Le *pavé de pierre de grès*, duquel seul on se sert à Paris, est de deux sortes : l'un est le gros, connu sous le nom de *pavé de rue* ; il a sept à huit pouces en carré, et s'emploie avec du sable seulement ; il est battu et dressé avec la *demoiselle* ; l'autre est le pavé d'échantillon, de différentes grandeurs ; le plus grand est celui qui est de gros pavés fendus en deux ; il sert à paver les cours, et s'emploie à chaux et à sable ; on s'en sert aussi pour paver sur des caves à *bain* de *mortier*, c'est-à-dire avec force mortier ; on ne pave point autrement

feuilleté ; cette matière est dure, elle sert à divers usages, entre autres à remplir les intervalles des bois de sciage ou de charpente qui servent de support aux parquets des appartemens.

sur les caves. Le petit, qui a quatre ou cinq pouces en carré, et qui est taillé d'échantillon, s'assied à chaux et à ciment; on ne s'en sert qu'aux cours et aux cuisines, surtout sur les caves, et on y mêle du pavé noir pour ornement. Plus il est menu, plus il est beau; mais il n'est pas si ferme, et coûte un peu plus que l'autre.

Le pavé nommé *rabot*, qui est toujours moins cher de moitié que celui de grès, se fait de pierre de liais et autres pierres dures; on l'emploie à chaux et à sable, aux endroits où il ne passe pas de voitures.

Ainsi, pour paver les endroits où passent de grosses voitures, on se servira de gros pavé, de celui d'échantillon pour les cours, et du petit ou menu pour les cuisines.

De l'ardoise.

L'*ardoise* est une pierre bleue, brune ou rousse noire, tendre, fossile au sortir de la carrière, et qu'on coupe en feuilles déliées pour en faire des couvertures. Celle qui est d'un roux noir est la plus estimée. Il y en a de plusieurs sortes et de différentes mesures. La carrée forte a onze pouces de longueur sur sept à huit de largeur. L'ardoise qu'on tire des carrières d'Angers est la meilleure ; l'ardoise de Mézières et Charleville n'est ni aussi belle ni aussi bonne.

Du bardeau.

Le *bardeau* n'est que de petits ais, qu'on emploie au lieu de tuile, pour couvrir les maisons. On les fait de douves ou d'autres ais qui soient aussi minces. Cette couverture ne charge point la charpente; c'est pourquoi on en couvre volontiers les hangards, et quelquefois les maisons, dans les pays où la tuile est rare et le bois commun. Il faut que le bardeau soit sans aubier, autrement il pourrit en peu de temps. Comme il est plus léger que la tuile, on fait la charpente de la couverture moins forte. Il ne faut pas épargner les clous aux couvertures de bardeau, et le peindre à l'huile, pour le conserver contre la chaleur et les pluies. On appelle encore *bardeau* des douves de tonneaux ou petites planches, ou des petits bâtons de chêne refendus, qu'on pose sur les solives, pour carreler les dessus.

Du roseau, du chaume et du gluis.

Pour couvrir les toits, on se sert encore de roseau, de chaume ou de gluis, qui est la paille de seigle non battue au fléau, mais en faisceau seulement sur la panse d'un tonneau, ou sur un rouleau fiché sur des pieds, avec une planche en forme de bavette, pour en ôter le grain ; car si cette paille étoit broyée elle ne seroit d'aucun usage en couverture ni autrement. On doit prendre garde qu'elle ne soit point rongée des rats, et que le couvreur la lie bien.

La couverture de roseau dure quarante à cinquante ans; celle de gluis dure plus que celle de chaume. On fait aussi des couvertures avec les grands joncs et avec les herbes qui croissent dans les marécages : plus il y a de joncs et de roseaux, meilleures elles sont. On les coupe ou on les fauche au printemps, selon leur force et leur épaisseur, car il faut qu'elles aient du corps et de la consistance ; on les fait faner au soleil pendant quatre ou cinq jours, et on les met en bottes, qu'on garde au sec. Il ne faut pas qu'elles soient mouillées pendant le fanage, autrement elles pourrissent; c'est pourquoi il n'en faut couper que selon l'apparence d'un beau temps pour plusieurs jours.

De la latte et contre-latte.

La bonne latte à tuile doit être faite de bois de fente de chêne et sans aubier; elle se nomme *latte carrée*, et se vend à la botte, qui en contient cinquante-deux. Chaque latte a quatre pieds de longueur, un pouce trois quarts ou deux pouces de large, et deux à trois lignes d'épaisseur. Il faut vingt-huit ou trente lattes à chaque toise de couverture pour la tuile du grand moule, ayant quatre pouces de pureau. Pour la tuile du petit moule, à laquelle on ne donne que trois pouces d'échantillon ou pureau, il en faut trente-six par toise.

La contre-latte est une latte large de quatre à cinq pouces, et épaisse d'un demi, qui se met de haut en bas entre les chevrons, pour entretenir les lattes. C'est un bois de fente de sciage, qui se débite à la toise.

Des bois.

Les *bois de charpente et de menuiserie* ne sauroient être trop secs, et doivent être sans aubier (1). Le bois de charpente se vend à Paris au cent de pièces; la pièce de douze pieds de long sur six pouces en carré, par où l'on peut évaluer les plus grosses pièces. La pièce de bois de chêne pèse cent quatre-vingt-une livres huit onces; de chêne sec, cent soixante-quatorze livres douze onces; la pièce de bois blanc, les deux tiers du chêne.

Le bois de menuiserie se vend de même, et à la toise de planches, ou de membrures de différentes épaisseurs. La toise de planches de chêne, d'un pouce d'épaisseur sur un pied de large, pèse trente livres, et de sapin, vingt livres; par où l'on peut évaluer les plus épaisses, et les membrures de même.

Du verre.

Il y a deux sortes de verres; l'un qu'on ap-

(1) *Aubier, alburnum.* C'est une ceinture ou couche circulaire plus ou moins épaisse du bois imparfait qui est entre l'écorce et le cœur, ou le vrai bois, dans tous les arbres. On le distingue du vrai bois par la différence de sa couleur et par sa mollesse.

pelle *verre blanc*, l'autre *verre commun*. Le premier se fait près de Cherbourg, département de la Manche.

Le verre commun est celui qu'on appelle *verre de France*. Il y en a de fin, de moyen et de rebut.

Du plomb.

Il y a des mines de ce métal en France et en Angleterre, d'où on le tire en forme de pierre, qui se nomme *mine de plomb*. Il est facile de la mettre en poussière, mais il n'est pas si aisé de la faire fondre; avant de la jeter dans des fourneaux faits exprès, et où il y a à chacun un canal d'où le plomb découle, il faut la briser par morceaux. Lorsque le plomb est fondu, on le verse dans des moules, et on l'en retire en forme de lingots, qu'on appelle *saumons*. Les plombiers, après les avoir fait fondre, coulent ce plomb fondu sur le sable de terre bien égal et bien uni, d'où ils le retirent en forme de tables, et l'emploient ensuite à leurs différens ouvrages.

Dans les bâtimens, le plomb sert à faire les faîtages, les nones et noquets, les chéneaux, bavettes de chéneaux et les gouttières, les descentes et cuvettes, les lucarnes, demoiselles et œils-de-bœuf, les réservoirs, bassins et tuyaux, et les terrasses, les vases ou autres ornemens; et suivant les ouvrages auxquels on le destine, on lui donne différentes épaisseurs.

On donne ordinairement trois livres de vieux plomb pour deux de neuf, et quelquefois deux pour une.

Du fer et du clou.

Il faut préférer le gros fer pour les bâtimens.

Le fer bon, doux et pliant, se connoît quand la barre a de petites veines noires en long, quand elle plie sous le marteau, et quand elle n'a point de *gerçures*; ce sont des fentes ou des découpures qui marquent que le fer est chaud et difficile à forger : quand on le casse, les noirceurs dans la fente sont une autre marque de bonté. Celui qui est gris, noirâtre et tirant sur le blanc dans l'endroit où il est rompu, est le plus rude; il entre dans les bâtimens, et sert aux gros ouvrages, comme ceux des taillandiers, maréchaux et autres; ils le connoissent en le forgeant à froid; le doux casse, et le ferme plie.

Le fer est quelquefois dangereux lorsqu'il est mis dans la maçonnerie et dans les pierres de taille; car la rouille l'enfle, fait casser les pierres et rompre les murailles; il faut le bien étamer pour le garantir de la rouille, ou le peindre de plusieurs couches.

Pour garantir de la rouille les ouvrages de fer ou d'acier, prenez huit livres de panne de porc, ôtez-en les peaux, et tout ce qu'il peut y avoir de chair; coupez-les minces, et faites-les fondre sur le feu avec trois ou quatre cuillerées d'eau, dans un pot neuf vernissé ; passez par un linge cette graisse fondue, et remettez-la ensuite dans le même pot sur un petit feu, avec quatre onces de camphre écrasé en miettes ; laissez bouillir le tout doucement, jusqu'à ce que le camphre soit entièrement dissous : alors ôtez de dessus le feu cette composition, et tandis qu'elle est chaude mêlez-y autant de plumbago qu'il en faut pour lui donner une couleur de fer : le plumbago est la matière dont on fait les crayons dits de *mine de plomb*. Il faut se servir de cette graisse au lieu d'huile, pour en frotter le fer ou l'acier : il doit être chaud à le pouvoir tenir à peine dans les mains ; quand il est refroidi, il faut le bien essuyer avec un linge ; ou bien faites chauffer le fer et l'acier de manière qu'on ne puisse le toucher sans se brûler, frottez-le de cire, remettez-le au feu, et ensuite essuyez-le avec un morceau de serge.

Quant au poids du fer, un pied de fer d'un pouce carré pèse trois livres trois quarts.

Le clou à latte se vend à la somme, qui doit peser trente-six livres ; mais la somme de clous à ardoises ne pèse que trente livres. Le clou à lattes est de différentes espèces ; il y en a un fin et délié, qu'on appelle *clou de Liége*, qui est le plus cher, mais qui produit davantage. On compte une livre et demie de clous par botte de lattes ; mais elle passe ordinairement, à cause de la perte dans l'emploi.

On emploie différentes sortes de clous dans les bâtimens, qu'il est bon de connoître et savoir distinguer. On préfère, pour la menuiserie, le clou de Liége, qui a la tête mince et le corps délié; et pour la serrurerie, le clou normand, qui a une grosse et forte tête. Les menuisiers et les serruriers les distinguent par numéros, suivant leur longueur.

De la natte.

La natte la plus menue de brin est la meilleure et la plus chère, parce qu'il y entre davantage de paille. La toise de natte de paille fine valoit, en 1789, depuis vingt sous jusqu'à quarante; on l'employoit autrefois à garnir les murs pour en ôter l'humidité; mais on s'en sert peu à présent.

On fait aussi de la natte avec des joncs et avec des scions de genêt : on bat ces brins, après les avoir un peu macérés dans l'eau, pour les rendre plus flexibles et lians; on les tortille et cordonne, et on coud les différens cordons les uns près des autres avec de la petite ficelle, quand on ne veut pas en faire un tissu tout d'une pièce.

Manière de faire la brique.

La brique se fait avec une terre grasse et forte, soit rougeâtre, soit jaunâtre, ou d'un gris obscur, sans cailloux ni gravier, laquelle, après avoir été pétrie et moulée de certaine grandeur et épaisseur, puis un peu exposée au soleil et séchée à l'ombre, a ensuite cuit dans un fourneau. Il faut faire la brique en saisons convenables, pour qu'elle puisse sécher plus aisément ; c'est surtout au printemps ou au commencement de l'automne qu'il convient de la faire.

On appelle *brique crue* celle qui n'a été séchée qu'au soleil, et qu'on n'a point mis cuire dans le four.

Manière de faire la tuile.

La terre à tuiles est moins commune que celle à briques et à carreaux.

Il faut la tirer d'avance, afin que la gelée la compote ; car plus elle est vieille, meilleure elle est.

Le degré de cuisson contribue beaucoup à la bonté des tuiles ; celles qui ne sont pas assez cuites restent tendres, imbibent l'eau, et feuillètent dans les gelées ; un feu trop vif qui a saisi la tuile produit le même effet. Pour que la cuisson soit bien faite, il faut que la chaleur ait pénétré au-dedans, et que la grande action du feu n'agisse qu'après l'entière dissipation de l'humidité intérieure.

Volnis termina là sa lecture, qu'il reprit le lendemain, comme on le verra dans le chapitre suivant.

CHAPITRE V.

De la charpente, de la menuiserie, et des tromperies que peuvent faire les ouvriers.

On débite de deux manières le bois de charpente, en l'équarrissant avec la cognée, ou en le sciant de longueur. Les bois d'équarrissage sont les sablières, les grosses solives, les poutres, etc. Les bois de sciage sont les petites solives, les chevrons, les poteaux, etc.

Le bois de charpente doit être coupé longtemps avant d'être employé : lorsqu'on l'emploie vert, il se gerce, se fend, ou du moins se retire, ce qui gâte l'ouvrage. Il ne le faut point prendre flacheux ni plein d'aubier : il est *flacheux* lorsque l'équarrissage n'est qu'imparfait, ce qui le rend difficile à mettre en œuvre, à toiser et à réduire au cent : l'*aubier*, que les ouvriers appellent le *lard du bois*, est une partie molle et blanche, qui est entre le vif et l'écorce de l'arbre ; il le corrompt et le fait pourrir en peu de temps ; les vers s'y mettent et se communiquent au bois voisin.

Le bois *roulé* n'est pas meilleur ; il jette en dehors des excroissances ou mousses qui sont comme des champignons ou mousserons : c'est un bois qui a été battu des vents pendant qu'il étoit en sève ; il ne peut passer que pour de très-petits ouvrages. Il ne faut pas non plus employer de bois échauffé, venté, ou sur le retour, parce que les petites taches blanches et rousses qui s'y forment le font pourrir bien vite. Les bois doivent encore être vieux coupés et bien secs quand on les emploie, afin qu'ils ne se déjettent point.

Il faut, autant qu'on peut, en mettant le bois en œuvre, principalement en fait de charpenterie, laisser de la séparation entre les bois, afin que le vent y puisse passer; en sorte que les plates-formes, poutres et solives, ne touchent jamais le mortier ni le plâtre, qui échauffent et pourrissent le bois : c'est pourquoi on maçonne autour avec de la terre ou de la brique, ou on y met des planches. Quelques-uns même laissent toujours quelques petits trous au bout des poutres, ou les font aller de longueur jusqu'au bout de la maçonnerie, en sorte que les deux bouts de la poutre arrasent le mur au-dehors, pour que le vent puisse les rafraîchir. Les pièces de bois équarries doivent être mises *de champ*, c'est-à-dire posées sur la partie la moins large; et quand elles *bombent*, c'est-à-dire qu'elles font l'arc, il faut mettre le bombement dessus : c'est ce qu'on appelle les *mettre sur leur fort;* elles ont en ce sens beaucoup plus de force, et ne plient guère : de même, toute sorte de bois, étant mis debout, peut porter un grand fardeau, au lieu qu'il peut rompre et plier quand il est couché, ce qui est le contraire des pierres de taille.

Quand on choisit les bois dans les forêts, il faut préférer, pour bâtir, ceux qui croissent au midi, à ceux qui viennent du côté d'occident. Les premiers sont pourtant souvent situés dans des endroits si chauds que l'humeur en est trop desséchée ; c'est pourquoi on choisit ceux qui sont du côté de l'orient ou du septentrion.

Le temps le plus propre pour abattre les bois dans les forêts est dans les trois derniers mois de l'année, octobre, novembre et décembre.

Il faut laisser les bois abattus trois mois dans la forêt, avant d'y toucher, pour qu'ils s'affermissent et se consolident.

Le chêne est le bois le plus fort et le meilleur à bâtir sur la terre et dans l'eau, parce qu'il ne se pourrit pas.

Le châtaignier est assez en usage et bon pour la charpente, pourvu qu'il soit à couvert de l'humidité et des injures de l'air : les vers ne s'y mettent jamais.

Le sapin n'est bon qu'en solives et en poutres, encore faut-il en enfermer les bouts dans les murs, de sorte que la chaux ne les touche et ne les échauffe point.

Le noyer sert beaucoup aux menuisiers, surtout pour les ouvrages délicats et variés à la vue.

Le bois de menuiserie doit être encore plus vieux coupé et plus sec que celui de charpente.

Quand on attache des lambris contre les poutres ou solives, il faut y laisser de petits trous, afin que le vent y passe et qu'il empêche que le bois ne s'échauffe l'un contre l'autre; car il peut arriver des accidens par les lambris attachés aux planchers contre les solives ou poutres que la pesanteur du bois fait affaisser, et même se corrompre et se gâter sans qu'on s'en aperçoive.

Les *portes*, à la campagne, doivent être simples, mais de bonnes planches de chêne, assemblées en *rainures*, c'est-à-dire par canal fait dans le bois. Cet assemblage est le plus fort, et dure le plus. Il y en a un autre qui ne se fait qu'avec des planches mises de travers, qu'on cloue à celles qui sont posées debout, qu'on appelle *montant*, et qui font le principal corps de la porte. C'est ainsi qu'on fait la plupart des portes aux villages. Si ce sont de grandes portes pour des cours, on les soutient, par derrière, d'une croix dite de *Saint-André*, qu'on y attache avec des clous. Quant aux portes des écuries et étables, on les retient avec deux barres de bon bois qui sont clouées en travers. Quelques-uns se servent de bois blanc pour ces portes de peu de conséquence; mais lorsqu'elles sont exposées à la pluie, elles durent peu : il vaut toujours mieux les faire de bois de chêne. Les chevilles de bois, pour tenir les barres qui soutiennent les portes, n'ont ni la propreté ni la durée des clous.

Il faut aux *portes cochères* deux ou trois bandes de fer plates et percées tout du long, pour les attacher contre la porte avec des clous qu'on rive en-dedans. Le bout de la bande est retourné en rond, de la grosseur du gond, afin qu'il y puisse entrer.

On met ordinairement un *pivot* sous le bas de la porte, pour la soutenir et pour la faire ouvrir et fermer plus aisément. Le pivot prend sous le bas de la porte, et la pointe entre dans une crapaudine ou grenouille de fer mise à-plomb au droit des mamelons des gonds qui sont dessus. On appelle *mamelon*, le bout du gond qui entre dans sa penture.

On attache aux portes charretières de la campagne un fléau ou grande bande de bois qui en traverse toute la longueur, et qui tourne sur un boulon de fer par où elle est attachée à la porte pour la tenir fermée, avec une serrure carrée et un verrou, ou bien avec un moraillon par le bas. C'est la manière la plus ordinaire de fermer les grandes portes des basses-cours.

Étaiemens.

Pour étayer un bâtiment, on se sert de plusieurs pièces de bois. Premièrement, on en couche deux contre terre, qui se nomment *racinaux;* sur ces deux on en met une autre qui s'appelle *patin*, que l'on arrange de façon qu'il ne pose que par les bouts sur les racinaux. Sur le patin on pose l'*étai*, qui est une pièce de bois toute droite ou un peu penchée, laquelle porte quelquefois une autre pièce de bois couchée de long, qui est mise comme une semelle, que l'on nomme *chapeau*, pour

soutenir avec plus d'étendue la charge qui
est dessus.

Tromperies des ouvriers en fait de bâtimens.

Comme on est presque toujours trompé dans
le choix ou dans l'emploi des matériaux, et cela
par l'ignorance, la paresse ou la mauvaise foi
des ouvriers, quelque confiance qu'on ait en
eux, voici des remarques pour s'en garantir :

Tromperies des entrepreneurs et maçons.

C'est leur faute lorsqu'ils bâtissent leurs fondemens sur un sol douteux.

On pèche, en fait de bâtimens, lorsqu'on
ne garnit pas les ouvrages, et qu'on laisse des
vides entre les matériaux. Cette tromperie est
assez ordinaire aux ouvriers qui travaillent à
la tâche, et c'est un des plus grands défauts.
Il y va souvent de la ruine d'un mur, parce
que ces vides, qui ne sont remplis que d'une
poignée de boue détrempée ou de mortier,
ne suffisent pas pour lier les moellons l'un sur
l'autre, en sorte que le mur n'a ni consistance uniforme ni solidité.

Les ouvriers trompent encore lorsque, mettant en parade le beau côté des moellons, ils
ne mettent derrière que de la pierraille sans
ordre et sans union pour racheter l'épaisseur
des murs.

C'est aussi une tromperie lorsqu'ils emploient les pierres avec leur bouzin, et tout
fraîchement tirées des carrières. Le bouzin,

qui est le dessus des pierres qui sortent de la carrière, n'est point reçu dans les bâtimens; et lorsque les ouvriers l'emploient, c'est parce qu'il leur coûte moins que la bonne pierre, et qu'ils gagnent plus de terrain : ils ne doivent employer que des pierres ébouzinées et équarries; c'est ce qui s'appelle *pierres façonnées à vive-arrête.*

Entre tous les vices des ouvrages de maçonnerie, celui de couper les gros murs pour y faire passer les tuyaux de cheminées, sous le prétexte d'ôter dans les chambres les saillies qu'y font ces tuyaux, est un des plus préjudiciables aux bâtimens.

Il faut aussi prendre garde qu'au lieu de mettre dans le mur des pierres qui en occupent toute l'épaisseur, ils n'y fourrent que des plaquis de pierres, ou n'emplissent le milieu des murs que de poussière ou de boue, au lieu de mortier.

D'un autre côté, la surabondance du mortier est aussi une tromperie à laquelle les ouvriers sont très-enclins, pour s'épargner la peine de bien garnir un mur de moellons ou de tuileau, parce que cela consomme du temps, et qu'en épargnant leur peine ils avancent l'ouvrage; mais le mortier ne fait jamais une aussi bonne liaison que lorsque le moellon y est mêlé.

Le *lait de chaux*, qu'on met sur le sable pour en faire du mortier, est une friponnerie, car ce mortier n'a jamais une bonne consistance, puisque ce n'est autre-chose que la liqueur claire et blanche qu'on tire de la chaux quand on l'éteint; et elle n'est bonne que pour blanchir les murailles.

On a vu des maçons assez fripons pour vouloir compter comme pierre de taille des endroits qu'ils n'avoient qu'enduits de badigeon, comme on l'a expliqué ci-dessus. Cette friponnerie est aisée à découvrir.

Il faut aussi prendre garde si les murs de cloisons, qu'ils remplissent de plâtre ou de bauge, sont bien lattés et bien fournis.

Tromperies des charpentiers.

1° Quand ils savent que, dans les lieux cachés, le plâtre couvrira leur bois, ils en mettent du vieux au lieu de neuf, ou du bois plein d'aubier et de flache, au lieu de bois à vive-arrête; ce qui est défendu.

2° Ils mettent souvent en œuvre du bois échauffé; et comme ils ne doivent rien donner qui ne soit bon et loyal, ils ne doivent employer ni bois roulé, ni aubier, ni bois flacheux, et qui ne soit point travaillé à vive-arrête; ni bois tranché, ni bois mort, ni mort-bois, ni même le bois blanc.

3° Les charpentiers trompent pareillement quand, ayant fait un marché au cent, ils mettent du bois plus gros et en plus grande quantité qu'il n'en faut.

4° Au contraire, s'ils ont fait le marché en bloc, ils emploient du bois d'une moindre grosseur, et en moindre quantité.

5º Ils pèchent encore contre la bonne foi, lorsqu'après avoir fait un marché à la toise aux us et coutumes, ils se servent de bois de mesure, qui, par la nature de ce toisé, en augmentent la quantité et la grosseur. Ce n'est pas qu'il ne soit aisé d'éviter cette tromperie ; il est de l'intérêt de celui qui fait bâtir d'y avoir l'œil.

Il est dangereux de faire un marché à la toise, car les ouvriers, qui savent la nature à laquelle les bois seront toisés, réduisent, autant qu'ils peuvent, les bois de douze pieds à dix et demi, et coupent pour cela deux bouts de bois qu'ils vendent, ce qui est un vol manifeste d'une partie du bois. Le charpentier, par cette réduction, en fournit une plus grande quantité ; après cela, il ne faut pas s'étonner si bien des gens sont ruinés à bâtir ; c'est pourquoi il est nécessaire de connoître toutes ces tromperies, afin de s'en garantir, principalement à la campagne, où ces sortes d'ouvriers croient trouver des dupes.

Tromperies des couvreurs.

Ils trompent plus que les autres ouvriers, par l'impuissance où l'on est d'aller soi-même vérifier leur travail : ils en ont moins d'occasion dans les ouvrages neufs que dans les autres, si ce n'est quand ils emploient de mauvaises lattes pleines d'aubier, et des tuiles mal façonnées.

Mais c'est surtout dans les réparations et les

recherches qu'ils trompent. Quand on toise la couverture aux us et coutumes, les couvreurs malicieux ôtent du long des murs les vieilles tuiles, et y en mettent des neuves; ils en font de même au haut des faîtes, dans tous les égouts, et le long des plâtres, et ils posent les vieilles dans le milieu du comble; en sorte qu'ils font du comble un tableau, dont la tuile neuve fait la bordure. Par là leurs plâtres se toisent partout, ils se trouvent pied par pied, et se paient sur le même pied de la tuile le long et autour de laquelle ils sont mis : par cette ruse, ils tirent d'un sac de plâtre trente fois sa valeur, au lieu que s'ils n'avoient employé que de la tuile vieille en ces endroits, ce même plâtre, toisé comme on a dit, ne leur produiroit que cinq fois la valeur; c'est pourquoi, sur ces remarques, il est bon, pour se mettre à couvert de cette fraude, de stipuler par écrit ce qu'on veut qu'ils fassent, et non pas d'abandonner l'ouvrage à leur bonne foi. Cet article est de très-grande conséquence pour ne pas dépenser plus qu'on ne devroit.

Tromperies des menuisiers.

Les menuisiers trompent en mettant en œuvre de mauvais bois, ce qui se manifeste bientôt lorsqu'il est vert, nouveau, roulé, plein d'aubier ou échauffé; et pour peu, d'ailleurs, qu'on ait des connoissances dans les ouvrages de menuiserie, il est aisé de voir si l'assemblage du bois est bien, soit en rainure ou autrement.

Tromperies des serruriers.

Ils trompent, en achetant chez les quincailliers des serrures mal garnies et de mauvais fer, qu'on leur paie comme bien faites, bien garnies, neuves et de bon fer.

Leur friponnerie consiste encore à fournir du fer aigre ou moins pesant qu'ils ne le mettent dans leur mémoire; ce qu'il faudroit vérifier avant que les serrures fussent attachées.

Tromperies des carreleurs.

Au lieu d'asseoir leur carreau sur du plâtre, ils ne le posent que sur de la poussière; de plus, ils donnent du carreau mal cuit, qui dure très-peu; et lorsqu'on se plaint qu'ils l'asseient mal, ils disent que s'ils le posoient sur du plâtre pur, ce plâtre le pousseroit; ce qui est très-faux, puisqu'il est d'expérience que le plâtre pur attache le carreau si serrément que jamais il ne se détache.

Il ne faut pas écouter en tout les avis des ouvriers, qui, dans le cours des ouvrages, les prodiguent pour se tailler de la besogne.

Il faut, dès l'entrée, stipuler que s'il arrivoit qu'on changeât quelque chose, il seroit dressé un état préalable de ce qui devoit être fait suivant le marché, pour le défalquer. C'est une clause qui ferme la porte à l'estimation, salut de tous les ouvriers.

Le secret, pour maintenir les maçons, est de régler la manière du toisé, à la charge de ne toiser, pour telle chose que ce soit, les vides.

Pour la charpente, il faut arrêter précisément le toisé de bout-avant, qui sera fait seulement sur la longueur des bois. Il faut prescrire la quantité de bois qui entrera dans les combles, dans les planchers et dans les cloisons, la distance qu'il y aura entre eux, et fixer les grosseurs différentes des bois, selon les endroits où l'on doit les mettre en œuvre. Il faut absolument rejeter tout toisé aux us et coutumes; c'est où les ouvriers trompent.

Lorsqu'on aura un marché à faire avec un couvreur, on stipulera que l'ouvrage sera toisé carrément de bout-avant, sans y comprendre les plâtres, les solins, les ruellées, les égouts et le reste; et que pour prévenir toutes difficultés, il sera mis une ficelle d'un égout à l'autre, en traversant tous les toits, laquelle ficelle sera rapportée d'un bout du faîtage à l'autre, pour, sur cette ficelle, être formé le toisé de long et de large.

Pour la *plomberie*, il suffira de dire qu'on épargne moitié de la dépense, tant sur la soudure que sur le poids, à employer le plomb laminé, au lieu de celui des plombiers.

Dans un bâtiment neuf, où le vitrier fournit tous les verres, il est obligé de les rendre nettoyés après la peinture faite; mais si on peint une seconde fois par changement, on lui paie seulement un nettoyage.

Le mastic se fait avec du gros blanc ou blanc d'Espagne écrasé, dans lequel on mêle un peu de blanc de céruse broyé et de la litarge, qu'on pétrit avec de l'huile de noix ou de lin ; ce mastic devient très-dur à l'air : on donne deux couches de peinture par-dessus. Lorsqu'il est fait pour des endroits où il peut être sujet à se casser, il ne faut pas qu'il soit dur, à cause de la difficulté de le lever. On le pétrit alors avec de l'huile de navette.

Ce chapitre termina la veillée, que Volnis reprit le lendemain, en annonçant qu'il parleroit des bâtimens.

CHAPITRE VI.

Des fondemens et de la bâtisse.

Lorsqu'on bâtit sur le roc, sur le tuf, qui est le meilleur fond, ou sur un terrain ferme, les fondemens ne sauroient être plus solides ; mais si le terrain est sablonneux et trop léger, ou la terre remuée, ou dans un marais, il faut alors recourir à l'art. Dans la bâtisse ordinaire, on donne en général de profondeur aux fondemens la sixième partie de la hauteur des bâtimens, ou jusqu'à ce qu'on ait trouvé un terrain ferme. Lorsqu'il y a des cours et autres souterrains, on creuse plus avant : quant à l'épaisseur ou largeur du mur des fondemens, on lui donne le double de celui qui sera élevé dessus; dans les terrains marécageux, il faut remplir le fond de la tranchée de madriers, ou grosses planches de chêne, sur lesquelles on assied les pierres; et pour les ponts, les quais, en enfonçant des pilotis sur la tête desquels on établit ces madriers.

Maison du maître, ou principal corps-de-logis.

Le bâtiment, ou corps-de-logis principal, doit être, pour l'agrément et la commodité, comme on l'a dit, entre cour et jardin. Il y a même souvent une avant-cour, séparée par une grille et porte de fer, le tout de la largeur de la cour, et terminée par des pavillons qui servent de logement au garde ou au portier, quelquefois au concierge. La grande porte d'entrée ne doit pas avoir moins de neuf pieds de largeur, sur une hauteur double, pour en faciliter l'entrée aux voitures; une hauteur cependant depuis douze jusqu'à quinze pieds suffit.

La cour est ordinairement de la largeur du bâtiment, et sa longueur proportionnée à la hauteur. On lui donne communément de longueur le quart ou le sixième au moins de plus que de largeur, ou bien la diagonale du carré de sa base.

Les bâtimens, à la campagne, sont moins élevés qu'à la ville, pour n'avoir point à monter, et à cause des vents. Le rez-de-chaussée, quand il est sain et élevé de quelques marches, est l'endroit le plus agréable.

La maison se commence par les fondemens et les caves. Le sol du rez-de-chaussée de la maison doit être élevé d'un perron de trois ou de cinq marches, toujours en nombre impair, afin que le même pied qui entame la première marche se pose sur la dernière. Chaque marche aura six pouces de hauteur sur seize pouces de giron ou de largeur, extérieurement à la porte et au niveau du carrelage, pour servir de palier ou repos, et ne pas faire de cette marche trop étroite un casse-cou.

Le vestibule, à l'entrée et au milieu du principal corps-de-logis, sera percé de deux portes sur les deux faces de la maison, et vis-à-vis l'une de l'autre.

On donnera au toit ou comble, pour hauteur, la moitié de la largeur du bâtiment. Si on le surbaisse jusqu'au tiers, il en sera mieux. Les toits en mansarde ont plus de hauteur et sont plus pesans; ils sont plus commodes pour les greniers de la ferme, et pour quelques chambres particulières, garde-meubles, etc.

Les lucarnes, dans les combles, sont toujours défectueuses, quelque forme qu'on leur donne, parce que les combles ne sauraient être percés d'aucune couverture sans choquer la raison. Si l'on étoit obligé d'en faire, l'œil-de-bœuf seroit préférable.

La hauteur des planchers de l'étage supérieur ne sera que de huit pieds par proportion à ceux de neuf à dix du rez-de-chaussée.

Les croisées du rez-de-chaussée seront bien proportionnées à quatre pieds et demi de largeur, avec un pied et demi d'appui, couvert d'une tablette de pierre de quatre pouces au moins d'épaisseur, et un pouce et demi de saillie, portant un petit carré au-dessous : ces croisées, comme les portes, monteront jusqu'à demi-pied au plus de la corniche du plafond, qu'elles rendront aussi plus clair. Celles de l'étage supérieur n'auront que quatre pieds de largeur, suivant de même la hauteur des planchers, et se termineront carrément.

Les lieux d'aisance seront pratiqués dans le plus haut de la maison, ou dans quelque coin dans le bas, du côté du nord, pour ne pas communiquer d'odeur dans la maison. Les tuyaux descendront dans l'encoignure, jusqu'à la fosse placée sous l'escalier. Ces tuyaux ou pots sont de terre cuite bien plombée ; ils se posent l'un dans l'autre, et sont scellés avec mastic et ciment. Dans les endroits les plus resserrés, les latrines ne sauroient avoir moins de trois à quatre pieds de long, compris le siége de seize pouces, sur deux pieds de large, la porte ouvrant au-dehors ou au-dedans, suivant l'espace. On creuse les fosses profondes comme un puits, afin que l'eau y monte, parce que les matières se consomment dans l'eau ; c'est pour cette raison que bien des personnes font jeter de la neige en hiver, quand il n'y a pas d'eau au fond, ce qui dispense de les faire vider. On a soin pour cela, en les construisant, de pratiquer des barbacanes, ou ventouses, au bas des murs, faits d'ailleurs à pierre sèche, par où les matières mêlées avec l'eau s'écoulent et se perdent dans les terres. On laisse un jour extérieur aux latrines, et on place encore des tuyaux de terre qui prennent depuis le siége jusqu'au-dessus du toit, afin que l'exhalaison des vapeurs ne puisse se répandre dans la maison.

Les portes des principales pièces des appartemens des grandes maisons sont en enfilades, ou opposées les unes aux autres du même côté; elles se font à deux vantaux ou à un seul, selon la grandeur des pièces et la hauteur des planchers.

Les cheminées se placent, s'il se peut, dans le milieu de la largeur des chambres, du côté opposé à l'entrée, et point en face d'une fenêtre. On donne aux cheminées ordinaires quatre pieds de large; aux cheminées des cabinets trois pieds, et moins encore, selon le plan, sur trois de haut sous le manteau : elles fumeront moins que s'il étoit plus élevé. Mais la bâtisse des cheminées demande une attention particulière. Lorsque des cheminées fument beaucoup, il faut rétrécir la hotte, selon la forme à peu près des cheminées prussiennes, et ôter du haut toutes les mitres et même la fermeture; si le manteau est trop haut, on y fera un soubassement en plâtre, soutenu sur une tringle de fer, du bas duquel soubassement on fera remonter une planche ou languette en plâtre, selon la grandeur de la cheminée. Cela suffit ordinairement; sinon on fera aux deux côtés deux petites ailes en plâtre, et relevées de même, de sorte qu'il ne reste que le passage à peu près pour un ramoneur. Si, malgré cela, il y fumoit encore, on feroit rétrécir tout le bas de la cheminée, au-dessous de la hotte, en y formant de doubles jambages de quatre pouces d'épaisseur contre les anciens, et jusqu'à moitié ou aux deux tiers de leur profondeur, d'où on les conduiroit au cintre, en les amenant à rien jusqu'au-devant des premiers.

Si l'on n'échauffe une cheminée qu'avec du bois, l'âtre doit être de niveau avec la chambre : deux chenets suffisent pour la libre circulation de l'air autour du bois. Si elle est destinée à être chauffée par du charbon-de-terre, alors on la garnit d'une grille ou cage dans laquelle on met le charbon.

Dans un grand salon cependant qu'on habite l'hiver à la campagne, la cheminée doit être de cinq pieds de large sur trois pieds et demi de haut sous le manteau : on s'y chauffe mieux, et il n'y fume pas davantage quand elle est bien faite. L'âtre doit être au niveau de plancher, et non pas relevé sur le derrière : sa profondeur doit être de deux pieds. Quand la cheminée est plus profonde, la chaleur se dissipe par le tuyau. Les angles doivent être arrondis et toute la cheminée garnie de plaques de fonte, pour envoyer plus de chaleur dans la chambre. Si la cheminée fumoit toujours, malgré les précautions indiquées, il faudroit faire une ventouse qui s'ouvrît dans la cheminée, à la hauteur du chambranle.

On communiquera la chaleur à une pièce voisine, en ouvrant le mur en forme de trompe derrière la plaque, ou en la laissant sans être recouverte.

On fait ordinairement les chambres carrées, et on place les lits dans le fond, en face des croisées.

Au lieu d'entrer dans la maison par un vestibule au milieu, on préfère quelquefois d'y entrer par un des coins, ou dans un bâtiment en retour, afin d'avoir plusieurs pièces de plain-pied en face. On place alors dans cette encoignure le vestibule et l'escalier, afin que ce dernier serve partout, et que le reste de la maison soit libre.

Il y a de grands, de moyens et de petits escaliers dérobés, ou de dégagement. C'est à l'escalier principal que se fait connaître le goût, le bon sens et l'expérience de celui qui conduit le bâtiment. Les détails de construction nous meneroient trop loin ; ils appartiennent à l'architecte qui en fait le projet, et à l'ouvrier qui l'exécute. Voici seulement les observations les plus essentielles.

Les escaliers seront agréables et commodes, quand on trouvera d'abord un grand palier, ou belle entrée dans le bas, quand les jours en seront bien distribués, et qu'il y aura un espace suffisant depuis le haut jusqu'au bas entre les rampes. Les paliers ou repos des encoignures en montant seront carrés ; les marches rampantes entre deux repos, pas trop nombreuses ; elles doivent être, comme celles du perron, en nombre impair ; leur hauteur ne sera que de cinq pouces et demi, pour être plus douces, sur quatorze ou quinze pouces de giron ; plus larges, elles ne seroient point proportionnées au pas, et seroient incommodes ; elles ne doivent pas avoir moins de quatre pieds de longueur, pour les escaliers de moyenne grandeur, et deux pieds et demi pour les escaliers dérobés. Les rampes d'appui seront bien à deux pieds et demi de haut, en fer ou autrement.

La cuisine sera à l'un des bouts du bâtiment, dans quelque pavillon, ou dans le retour en aile, mais à portée de la salle à manger, et aura sept fourneaux de maçonnerie, élevés de deux pieds et demi à trois pieds ; on y trouvera une pierre à laver (il sera nécessaire d'avoir un égout pour les eaux ou un puisard, un four ou un garde-manger au nord, pour y conserver les viandes). Les cuisines et offices souterraines ne valent rien ; l'humidité et le défaut d'air corrompent les viandes ; elles ont aussi une mauvaise odeur, par la difficulté d'en égoutter les eaux, qui, séjournant trop long-temps, y communiquent leurs vapeurs.

La basse-cour doit être sur le côté, séparée par quelque muraille élevée du bâtiment, avec porte de communication. Les bâtimens y doivent être proportionnés à l'exploitation et aux récoltes ; en général, une basse-cour, pour être avantageusement située, doit être sur un terrain horizontal ; il faut que les charrettes puissent en faire le tour sans monter ni descendre, que le terrain soit légèrement incliné de tous les points de la circonférence vers le centre ; qu'il y ait un bon puits, un abreuvoir ; qu'elle soit fermée de tous côtés sans portes extérieures ; que le maître, d'un coup-d'œil, en saisisse tous les points, et qu'elle soit tenue dans la plus grande propreté. Il faut faire mettre une pompe et une grande auge au puits pour abreuver les chevaux ; pour arroser, et dans le cas d'incendie. Le colombier doit être au milieu de la basse-cour et voisin d'une eau tranquille.

Après avoir lu ce chapitre, Volnis s'entretint encore long-temps avec ses enfans. « En bâtissant notre maison, dit-il, nous n'oublierons pas la chapelle. On ne peut s'en passer à la campagne dans une maison bien ordonnée, surtout lorsqu'on y vit la plus grande partie de l'année. Car, sans cela, quand le temps est mauvais, il faut, ou manquer la messe, ou exposer sa santé. Nul bâtiment, chambre ou cabinet ne doit être situé sur la chapelle ; le respect et la vénération due à ce lieu ne permettent pas d'établir sur son plafond une autre pièce, de quelque genre qu'elle puisse être.

Ainsi, nous placerons notre chapelle à l'une des extrémités de notre petit château, et nous en proportionnerons la grandeur à l'étendue de notre famille et de notre domestique, et au nombre d'amis que nous pourrons recevoir. Nous n'aurons tout au plus que dix domestiques, dont une partie seulement entendra la messe du château; nous ne recevrons jamais à la fois que trois ou quatre étrangers à demeure; ainsi il suffira pour eux, pour leurs gens et pour quelques paysans voisins du château, que notre chapelle puisse contenir à l'aise vingt-cinq ou trente personnes.

Nous nous plairons à décorer convenablement cette petite chapelle. Les murs, en stuc (1), imiteront le marbre jaune antique; l'autel sera de même en stuc de la même couleur, ce qui épargnera des devans-d'autel en étoffes qui se salissent, et qu'il faut renouveler; nous placerons un bénitier de marbre blanc à la porte de la chapelle, et Charles, qui dessine bien, en fera le modèle.

Nous ornerons la chapelle de deux copies de bons tableaux, l'un représentant le Sauveur bénissant des petits enfans, et l'autre une sainte famille. Nous placerons sur l'autel un crucifix bronzé, quatre chandeliers dorés et deux beaux vases de tôle, que Julie remplira de fleurs cultivées par elle. Et quand la saison n'en fournira plus, Julie avec sa mère en fera d'artificielles pour le même usage. Nous aurons un calice de vermeil, des burettes et une cuvette

(1) Le stuc est un mélange de plâtre (cuit seulement jusqu'à ce qu'il ait perdu son grain), de chaux vive, l'un et l'autre en poudre très-fine, et lié avec suffisante quantité de gélatine animale, ou de colle de Flandre dissoute dans l'eau. C'est avec cette pâte que l'on imite avec une illusion surprenante les variétés des plus beaux marbres.

d'argent ; nous mettrons dans la chapelle quatre chaises d'église en velours d'Utrecht bleu, pour les dames, et puis une douzaine de chaises de paille et des banquettes.

Les rideaux des fenêtres seront en damas bleu ; le vitrage des fenêtres, en verre blanc de Bohême, sera comme encadré dans une bordure de verre de couleur d'un beau bleu ; cette bordure sera à peu près large comme la main. Au milieu de la chapelle sera suspendue au plafond une jolie lampe d'albâtre, attachée avec des chaînes dorées ; à côté de la chapelle sera un petit cabinet qui servira de sacristie : on y trouvera une armoire remplie des choses nécessaires au service divin, les voiles du calice, brodés par Elmire et par Julie ; le linge et les habillemens du prêtre : il en faut deux complets en étoffe, outre les surplis. On ne verra chez nous quelque apparence de luxe que dans notre chapelle, mais cette dépense bien placée doit être agréable à Dieu ; il semble nous la prescrire suivant nos moyens, puisqu'il a voulu que le temple fameux élevé par son ordre fût magnifiquement décoré. Eh ! n'est-il pas juste de rendre, quand on le peut, cet hommage au souverain dispensateur de tous les biens, à celui qui forma pour nous le ravissant spectacle que nous offre chaque jour la contemplation des beautés de la nature ? »

État des choses nécessaires pour une chapelle domestique.

On peut se contenter d'un seul devant-d'autel, en le faisant de quatre couleurs ; de plus, un devant-d'autel en noir pour les messes des morts. . . .　60 fr.

Un calice, coupe et patène d'argent, avec le pied en cuivre argenté. . . . . .　68

En vermeil. . . . .　120

La cuvette et les burettes bien argentées.　40

Deux chandeliers de quatorze pouces de haut. . . . .　48

La croix assortie. . . . .　48

Un encensoir. . . . .　40

Un bénitier argenté, de quatre pouces de diamètre, avec son goupillon. . .　36

Au moins une demi-douzaine de linges appelés *purificatoires,* trois à quatre *corporaux* de toile fine, deux au moins bordés de dentelles. . . . .　12

Six linges appelés *lavabo*. . . . . . .　6

Une pierre sacrée, que l'on encadre au milieu de l'autel. On en trouvera, en chez le sacristain de l'église métropolitaine, ou à l'archevêché. . . . . .　12

L'autel est couvert de trois nappes ; celle qui touche à l'autel, de grosse toile ; la seconde de toile ordinaire, la troisième d'une toile fine, bordée d'une dentelle. Il en faut au moins deux ou trois de chaque espèce, pour pouvoir en changer. . . . .　90

I.　　　　　　　6

A côté de l'autel, une crédence où se
    placent les burettes. . . . . ♦   30 fr.

Trois cartons imprimés, l'un qui se place
    à l'endroit de l'épître, l'autre à celui
    de l'évangile, le plus grand au milieu
    de l'autel.   24

Un missel du diocèse.   12

Une petite sonnette pour celui qui sert la
    messe.   2

Une couverture d'indienne ou autre étoffe
    semblable. Elle sert à tenir l'autel cou-
    vert hors le temps de la messe. La cou-
    leur est à volonté.   12

Linges et ornemens.

Trois aubes, dont une avec bordure de
    dentelle, ou de toute manière à vo-
    lonté, ainsi que la hauteur de la bor-
    dure, de 30 à 36 fr., et la bordée 60 fr.   120

Six amiets.   12

Deux cordons ou ceintures.   3

Deux palmes pour le calice.   12

Chaque ornement se compose d'une cha-
    suble, d'une étole et d'un manipule.   36

Il en faut quatre; blanc, rouge, violet,
    vert, à moins que, pour simplifier la
    dépense, on n'en fasse faire qui soient
    de plusieurs couleurs. Une bourse pour
    le corporal, et assortie à la couleur de
    l'ornement.   96

Il est bon d'en avoir de deux sortes; une
    pour les jours ordinaires, l'autre pour
    les jours solennels. Un ornement noir,
    pour les messes des morts et le temps
    de la dernière quinzaine de carême.   30

Il est à désirer qu'il se trouve près et attenant la chapelle un petit cabinet qui serve de sacristie. Elle doit renfermer :

Une table où le prêtre puisse s'habiller et placer les ornemens dont il fera usage.   84 fr.

Un petit crucifix.   12

Un prie-Dieu, au-dessus duquel on place un carton imprimé, qui renferme les prières pour la préparation de l'action de grâces.   54

Un petit bénitier.   15

Une armoire pour renfermer les linges, les ornemens et les burettes.   36

On pratique dans cette armoire, ou dans quelque autre endroit de la sacristie, une petite armoire fermant à clef, pour serrer le calice.   9

On enveloppe le calice d'un linge qui ferme avec des cordons, et on le met dans un étui.   12

Un balai qui sert pour balayer la sacristie et la chapelle, et aussi un petit balai de plumes.   6

Une verge ou bâton surmonté d'un éteignoir, et dont on se sert pour allumer et éteindre les cierges.   3

Une petite boîte de carton ronde, pour renfermer les pains ou hosties. . . .   1

Un peloton où l'on attache des épingles.   1

Une petite fontaine de faïence ou d'autre matière, qui sert à laver deux à trois essuie-mains.   9

Il est à désirer que la chapelle soit boisée à hauteur d'appui, et les murs cou-

verts en papier, ou par quelque autre
tenture. . . . . 100 fr.
Il y a ordinairement dans la sacristie une
soutane de hauteur et d'ampleur telles
que la soutane puisse servir à tous les
prêtres qui se présentent. 36
Enfin un porte-marteau pour attacher
l'aube et la soutane. 2

1349

Ici finit l'une des soirées, car la lecture
du dernier chapitre en avoit employé deux
ou trois. Volnis annonça un chapitre très-
court pour lendemain.

CHAPITRE VII.

Des peintures intérieures et des purifications nécessaires dans une maison qui a été inondée ou infectée de mauvais air.

Le blanc pour l'intérieur des corridors, des vestibules, etc., qu'on appelle *blanc des Carmes*, se fait avec la chaux de Senlis, la plus blanche. Après l'avoir éteinte, comme nous l'avons dit, et passée dans un tamis bien fin, on l'emploie claire comme du lait, et l'on en donne cinq à six couches les unes après les autres, après avoir laissé sécher chaque couche avant d'en mettre une autre, et bien frotté toutes les couches avec la brosse ; c'est ce qui le fait tenir plus ferme et le rend luisant.

Quand ce blanc est employé sur de la pierre et du plâtre bien sec, il ne jaunit point. Si on veut le faire bien reluire, il faut le frotter avec une brosse de sanglier ; ou, quand il est bien sec, avec la paume de la main.

Ce blanc est encore plus beau quand on a mis de la chaux dans un baquet garni d'un robinet, qu'on a rempli d'eau de fontaine très-claire ; on bat ce mélange et on le laisse reposer vingt-quatre heures ; ensuite ou ouvre le robinet pour laisser échapper l'eau. On en remet ensuite de nouvelle, et on continue cette opération pendant un mois ; plus on lave la chaux, plus elle devient belle. Quand on voudra s'en servir, on laissera couler l'eau par le robinet, et on trouvera la chaux en pâte ; on en mettra une quantité convenable dans un pot de terre, dans lequel on versera un peu de térébenthine de Venise, et quelque peu d'outre-mer ou de cendre bleue ; on remuera bien le tout avec un gros pinceau : si le mélange s'épaississoit trop, on y mettroit un peu d'eau de savon ou de colle de Gand très-propre, qu'on remuera fortement ; on l'appliquera sur les murailles, qu'on aura eu soin de rendre bien unies. Avant de donner les seconde et troisième couches, on laissera bien sécher la première.

Le blanc en bourre, dont on fait les plafonds sans plâtre, se fait ainsi : Quand on a latté le plafond, on y met une couche d'environ trois à quatre lignes de quelque bonne terre blanche un peu grasse et graveleuse, dont la dose est de douze boisseaux, trois boisseaux de chaux vive, trois livres de bourre grise de tanneur. On met une seconde couche avec de la bourre, ou tonture d'étoffe, trois livres de cette bourre bien battue, avec un boisseau de chaux nouvellement éteinte, bien mêlées ensemble, et d'environ une ligne d'épaisseur sur la première couche, lorsqu'elle commence à sécher.

On trouve dans la *Petite Maison rustique*, en 2 vol in-8°, un procédé nouveau, inventé par l'auteur, pour peindre, de la manière la plus économique, en détrempe. L'auteur l'appelle *peinture au lait détrempé*; il peignit ainsi avec succés sa bibliothéque ; voici sa recette :

Prenez lait écrémé, deux pintes de Paris ;

Chaux récemment éteinte, six onces ;

Huile d'œillets, ou de lin, ou de noix, quatre onces ;

Blanc d'Espagne, une livre.

On éteint la chaux en la plongeant dans l'eau, l'en retirant et la laissant s'effleurir à l'air, ce qui la réduit en poudre ; on met la chaux dans un vase de grès ; on verse dessus une portion de lait suffisante pour en faire une bouillie claire (1); on ajoute peu à peu l'huile, remuant avec une petite spatule de bois ; on verse le surplus du lait ; enfin on délaie le blanc d'Espagne.

Le choix de l'une ou de l'autre des trois huiles est indifférent; cependant pour peindre en blanc on doit préférer l'huile d'œillets, comme étant sans couleur; on peut employer les huiles les plus communes, les huiles à brûler, pour peindre avec les ocres. L'huile, en tombant dans le mélange de lait et de chaux, disparoît; elle est totalement dissoute par la chaux.

On émiette le blanc d'Espagne, on le répand doucement sur la surface du liquide ; il s'imbibe peu à peu, et finit par plonger ; alors on le remue avec un bâton; on colore cette peinture, comme celle en détrempe,

____

(1) Il faut que le lait écrémé ne soit pas aigre.

avec du charbon broyé à l'eau, des ocres jaunes, etc.

On l'emploie comme la peinture en détrempe.

Cette quantité suffit pour imprimer six toises en première couche.

Le prix de cette même quantité revient à neuf sous, ce qui réduit le prix de la toise à un sou six deniers, valeur intrinsèque.

Ce procédé de peinture, infiniment meilleur marché que la peinture en détrempe ordinaire, ne demande ni feu ni longue manutention; on peut préparer, en dix minutes, de quoi peindre toute une maison; enfin, cette peinture est plus solide, et sèche parfaitement en une heure. Une seule couche suffit sur des endroits qui ont déjà été peints; une couche suffit sur un mur d'escalier, de corridor, ou sur un plafond. Il faut deux couches sur des bois neufs.

Moyens de prévenir et de détruire le méphitisme des murs.

L'expérience a prouvé que, dans une chambre où seroit mort un malade pulmonique, il faut non-seulement brûler tous les vêtemens, tous les meubles mis en contact avec le malade, mais encore enlever la couche superficielle des murs et des planchers, pour prévenir la contagion qu'ils recèlent et qu'ils réexhalent. Le fait suivant prouve combien les murs peuvent conserver long-temps une odeur étrangère. Plusieurs années avant la révolution, un illustre vieillard, qui fut depuis la généreuse victime de la plus horrible tyrannie, le vertueux Malesherbes, durant son ministère, fit ouvrir les prisons de Vincennes !....

La curiosité attira au donjon un grand concours ; des gens qui avoient habité cette prison furent surtout curieux de la voir, et ils y retrouvèrent la même odeur qui les avoit frappés en y entrant pour la première fois ; cependant, portes et fenêtres en étoient enlevées, et l'élévation du donjon l'exposoit à la libre action de l'air.

M. Guyton-Morveau a trouvé le moyen, à l'aide du gaz muriatique, et préférablement du gaz muriatique oxigéné, de purifier tout air renfermant dans son sein les épidémies ou la mort. Il lave ces atmosphères, et les dépouille de leurs miasmes qu'il enchaîne, ou plutôt qu'il détruit.

Mais ce moyen, victorieux du méphitisme de l'air, n'agiroit peut-être pas aussi efficacement sur des murs qui recèlent profondément, dans la porosité de la pierre, les miasmes dont ils sont infectés ; or, l'activité de la chaux produit cet effet ; on doit donc gratter les murs, et ensuite y appliquer une couche de chaux.

Instruction sur les moyens de prévenir l'insalubrité des habitations qui ont été submergées.

Une saison froide et humide est la constitution la moins favorable à l'économie animale; combien n'ajoute pas à l'influence d'une pareille saison, l'air froid et humide de l'intérieur d'une habitation qui a été inondée, et dans laquelle on se condamne à passer les jours et les nuits!

La première précaution à prendre consiste dans le lavage de l'habitation, parce que c'est le moyen de la dessécher; *c'est avec de l'eau qu'on restitue la sécheresse.* En Flandre, en Hollande, en Angleterre, enfin dans tous les pays dont le sol ou l'atmosphère sont humides, c'est à force de lavage qu'on diminue l'humidité des habitations, et qu'on y entretient la salubrité.

Les eaux, par leur séjour, déposent une vase visqueuse, susceptible de se putréfier très-promptement; cette vase retient l'humidité, et ne cesse d'exhaler des vapeurs nuisibles; l'air et le feu ne parviennent point à la dessécher complètement; elle se dessèche en partie par un temps sec, mais elle ne tarde pas à se réhumecter par un temps frais, ou par la simple humidité des nuits.

On doit donc laver les murs et les planchers pour enlever cette vase; une fois entraînée, il ne reste plus que de l'eau à laisser évaporer, et l'eau s'évapore aisément à l'aide de l'air, et surtout du feu.

L'asile bien lavé, il s'agit de l'aérer ; il suffit, à cet effet, d'y entretenir un courant d'air, en tenant les portes et les fenêtres ouvertes pendant le jour. Si l'air est sec et frais, le desséchement s'opérera promptement ; il faut toujours ouvrir ; l'air fût-il humide, il le sera toujours moins que celui de l'intérieur.

Au déclin du jour, on fermera portes et fenêtres ; on allumera dans la cheminée un feu clair, et on en entretiendra pendant une partie de la nuit.

Le feu établira dans l'habitation un courant d'air, et procurera un degré de chaleur qui raréfiera l'humidité et l'entraînera par le tuyau de la cheminée.

On exposera au feu les draps, les couvertures, les matelas : les étoffes se pénètrent facilement d'humidité ; elles en absorbent souvent une grande quantité et la retiennent opiniâtrément, surtout celles qu'on ne lave point : rien de plus humide et de plus froid que du linge, que des vêtemens sales.

On se couvrira bien le corps pendant la nuit.

On aura l'attention, le matin, avant de revêtir des habits, de les faire sécher au feu, pour leur enlever l'humidité dont ils se seront pénétrés pendant la nuit, surtout s'ils ont servi à s'en couvrir étant au lit ; car alors ils absorbent l'humidité du corps, ce qui les rend malsains.

On emploîra utilement une fumigation de soufre.

Fermer, à cet effet, exactement les fenêtres ; placer sur le plancher un réchaud de braise allumée ; y répandre une poignée de soufre pulvérisé ; se retirer promptement ; fermer la porte et ne rentrer dans l'habitation qu'au bout de vingt-quatre heures ; le soufre brûlant s'exhale en vapeur, pénètre les murs et arrête le ferment de la putridité.

Les murs, formant l'enceinte de l'habitation des hommes, ainsi que celle des animaux, ne tardent pas à se pénétrer du méphitisme que les exhalaisons des êtres animés engendrent constamment ; ils s'en pénètrent à plus ou moins de profondeur, selon le plus ou moins de porosité des matériaux.

Ces murs exhalent d'eux-mêmes, lors des changemens de l'atmosphère, le méphitisme dont ils sont pénétrés ; à combien plus forte raison doivent-ils le réexhaler, lorsqu'ils sont imbus d'eau qui tend à s'en évaporer, l'eau étant un des puissans conducteurs du méphitisme.

Pour prévenir ces exhalaisons dangereuses, il faut blanchir la surface des murs avec de la chaux ; la chaux vive est le moyen le plus prompt et le plus efficace de détruire le méphitisme.

On fera donc fondre trois ou quatre livres de chaux vive dans un seau de huit pintes d'eau, et on blanchira le plafond, les murs et les planchers.

Ces précautions doivent s'étendre sur les écuries, les étables et les bergeries, comme étant plus susceptibles encore que les habitations des hommes de s'imprégner de méphitisme.

Si les planchers du rez-de-chaussée ne sont point recouverts en dalles ou en carreaux, si c'est une simple aire, et que l'eau ait profondément pénétré le sol, alors on couvrira la surface avec un lit de charbon écrasé, qu'on laissera étendu sur le plancher jusqu'à son parfait desséchement.

Le charbon est de tous les agens purificateurs le plus énergique.

« A présent, mes enfans, dit Volnis, pour ne plus revenir aux détails relatifs au château, ou *maison du maître*, avant de vous parler des bâtimens de la ferme, je vous lirai les chapitres de l'ameublement du château, dans lesquels j'ai compris l'arrangement et la formation d'une bibliothèque de campagne, avec l'énumération des livres, leurs prix, etc., et l'établissement d'un petit cabinet d'histoire naturelle, de curiosités *indigènes*, c'est-à-dire du pays. Ces deux articles tiendront peu de place dans ce long ouvrage, et j'ai pensé qu'ils pourroient vous instruire en vous amusant. D'ailleurs, où peut-on, mieux qu'à la campagne, lire, méditer et s'occuper de l'étude de la nature? »

CHAPITRE VIII.

De l'ameublement du château.

On a perfectionné beaucoup de choses dans les arts depuis vingt ans; mais non-seulement on a fait peu de progrès dans les inventions relatives aux ameublemens, il semble même qu'il y ait à cet égard une véritable décadence : par un défaut presque général de proportions, les formes sont communément, ou lourdes et massives quand les meubles sont riches, ou grêles et maigres quand on ne vise qu'à l'élégance et à la simplicité. On n'a perfectionné ni la forme des fauteuils, ni celle des canapés; les dessins les plus modernes de ces meubles n'ont aucune élégance. Les lits de bois d'acajou, à moins d'être extrêmement ornés d'incrustations, de camées et de bordures, ne sont bons que dans des appartemens d'une grande simplicité; les lits sculptés, dorés et de riches étoffes, étoient beaucoup plus magnifiques. Les beaux bois sans dorures forment un contre-sens en ce qu'ils ne font que *contrefaire* la simplicité; ils n'ont rien de somptueux, et ils sont excessivement chers.

Les tentures de taffetas plissé sont de très-mauvais goût, des étoffes rayées seroient plus jolies que ces longs plis, et ne formeroient pas des multitudes de petites rigoles toujours remplies de poussière; les draperies sans symétrie sont d'un mauvais genre : tout dans un appartement doit donner l'idée de l'ordre, et l'on trouve dans les salons modernes tout le désordre et toute l'irrégularité que l'on affecte dans les jardins à l'anglaise.

Les draperies de travers donnent aux décorations quelque chose de baroque qui fatigue l'œil, et trop de draperies fait ressembler l'intérieur d'un salon à celui d'une voiture ou d'une tente ornée.

Il est aussi très-ridicule de vouloir mettre de la grâce aux choses qui ne doivent être que commodes, et qui même doivent naturellement rester cachées. Travestir une table de nuit en autel, est une idée du plus mauvais goût, et nos bonnes anciennes tables de nuit, bien revêtues de marbre en dedans, ayant un rebord sur la table, de manière à garantir de toute chute les choses qu'on met dessus, sont, dans ce genre, ce qu'il y a de mieux ; au lieu que *les autels* sans rebords sont de la plus extrême incommodité ; tout tombe de ces petites tables communément en triangle, et sur lesquelles si peu de choses peuvent tenir.

On a aussi retranché fort mal à propos, des tables rondes et d'autres meubles, les galeries dorées, qui étoient à la fois parantes et utiles. Pour nous, dans l'ameublement de notre maison, nous ne nous occuperons que de deux choses, l'économie et la commodité. Cependant nous tâcherons de donner un peu d'élégance à notre salon , et nous ne négligerons rien pour que le peu de personnes que nous logerons se trouvent chez nous comme chez elles, ce qui souvent, faute de petites attentions, ne se rencontre nullement dans les maisons les plus somptueuses. Il faut qu'un logement de femme soit au moins composé d'une jolie chambre à coucher avec une grande garde-robe, dans laquelle il y ait une grande armoire et plusieurs porte-manteaux pour accrocher des robes. Il faut qu'il y ait dans la chambre une commode, une toilette, un secrétaire, une tablette attachée au mur pour mettre des livres, une table à écrire garnie de tout ce qui est nécessaire à cet effet, et formant un pupitre quand on le veut pour faire de la musique, et sur cette table un flambeau à garde-vue; une petite table à thé avec un réchaud à l'esprit-de-vin, une bouilloire, une petite cafetière d'une tasse pour faire du chocolat; une théière, un sucrier, deux tasses de différentes grandeurs, un pot à crême, un grand et un petit bol, une cuillère à café, un couteau, une beurrière, une salière, un coquetier, un petit guéridon pour déjeûner, une chiffonnière pour travailler. Sur la commode doivent être des serviettes, une cuvette, un pot à l'eau et une carafe de cristal avec un gobelet. En meubles, un lit ou dans une alcove, ou porté sur des colonnes, parce que beaucoup de personnes craignent, avec raison, un ciel de lit attaché au plafond; uu canapé bas, commode, bien garni d'oreillers, une bonne bergère à dossier élevé, sur lequel on puisse appuyer sa tête; un tabouret pour mettre ses pieds, deux fauteuils, deux chaises, un fauteuil de toilette en maroquin, un écran sur pied, des écrans de main, des rideaux de lit et de fenêtre en indienne ou en basin, afin qu'on puisse les laver et qu'ils soient toujours propres. Sur la cheminée, deux flambeaux et un bougeoir. Des sonnettes allant bien à la cheminée et dans le lit, et répondant dans la chambre de la femme de chambre. Aux fenêtres, des persiennes, et en outre des volets fermant bien et ne laissant aucun jour dans la chambre. Nous n'oublierons pas de mettre au lit et à la cheminée des crochets de montre, ni de placer au coin du feu un soufflet et un petit balai, et dans la garde-robe un grand balai de crin et un houssoir de plumes, et de mettre dans l'armoire des couvertures et des couvre-pieds à choisir, couvertures fines de laine et de coton, couvre-pieds piqués d'indienne et de taffetas ouatés, et couvre-pieds simples de toile et de mousseline. Enfin, nous mettrons encore dans la garde-robe une petite fontaine de faïence fixée dans la muraille, avec sa cuvette au-dessous; un seau à laver les pieds, une cruche, etc. Voilà des détails minutieux, mais utiles; car on n'en peut rien retrancher, si l'on désire recevoir parfaitement les personnes qui veulent bien quitter toutes les habitudes si commodes de leur intérieur pour aller chercher des amis; nous tâcherons que cette preuve d'amitié ne soit pas un sacrifice; et surtout quand, par hasard, nous recevrons à

la fois des amis et des indifférens , nous ne dirons jamais aux premiers , pour leur donner
les mauvais logemens, que nous *agissons avec
eux sans cérémonie* ; l'amitié aura toujours
chez nous toutes les préférences. Au reste,
nous n'aurons qu'un très-petit nombre de logemens, et ils seront tous également commodes. Elmire peut se rappeler que jadis, dans
notre jeunesse, nous avions dans notre maison
toutes ces petites attentions , et que nous en
trouvions encore de beaucoup plus recher-
chées dans plusieurs autres châteaux, entr'autres à S...., et à Braine, chez madame la com-
tesse d'Egmont. Aujourd'hui , on pense en
général que l'on reçoit parfaitement ses amis
quand on leur donne un bon dîner et un bon
déjeûner avec toute la société ; car les déjeû-
ners particuliers en chambre, beaucoup plus
agréables , sont assez communément fort né-
gligés et très-mal servis.

Mais revenons à notre appartement de
maître; notre salle à manger sera en stuc ,
nous aurons une petite chambre de bains ,
chose indispensable pour la santé , et une
pièce consacrée à jouer au billard ; car il faut
avoir dans un château tous les jeux possibles :
nous mettrons dans un vestibule un jeu de
galet , nous aurons un jeu de quilles, de siam
pour la chambre, et dans une cour un jeu de
boule. Dans le salon , des volans, des raquettes, des jeux de trictrac, d'échecs, de trou-
madame , de loto , et même d'oie et d'on-
chets. Nous placerons la bibliothèque dans le

salon, car rien n'est plus commode à la campagne, que d'avoir là des livres sous sa main. Mais pour qu'ils ne soient ni perdus, ni dépareillés, Elmire et moi aurons chacun une clef des armoires, nous ne manquerons pas de les fermer ; et quand nous en prêterons aux personnes qui seront chez nous, nous aurons soin d'inscrire le nom de l'emprunteur sur un petit morceau de papier que l'on mettra sur la tablette à la place du livre prêté.

Il n'y aura dans cette collection ni belles éditions, ni livres rares, ni contrefaçons, et tous les livres en seront simplement et uniformément reliés. Quatre corps de bibliothèque en bois de merisier, avec des grillages, des taffetas verts et de bonnes serrures, contiendront tous ces livres, choisis par moi, non pour servir d'ornement, mais pour votre instruction et pour votre amusement. Voici le catalogue de ces livres reliés, avec les prix :

LIVRES DE PIÉTÉ.

	fr.	c.
La Bible, traduct. de Sacy, 8 vol. in-12. 1711.	15	
Le Nouveau Testament, 4 vol. in-8o, fig. 1788 et suivantes.	30	
Le Psautier, traduct. de Laharpe, in-8o, deuxième édition. 1796.	3	
L'Imitation de Jésus-Christ, traduction de Gonelieu, in-12.	2	50
OEuvres de Bossuet, comprenant seulement ses Oraisons funèbres, ses Sermons, les Variations, le Discours sur l'Histoire universelle, 16 vol. in-12. .	40	

fr. c.

Les Sermons de Bourdaloue, 18 vol. in-12.
   1718.   36

Les Quatre fins de l'homme, de Nicole.
   in-12. . . . .   2 50

Les Conférences de Massillon, et son Petit-
   Carême, 3 vol. in-12. . . . .   7 50

Les Oraisons funèbres de Fléchier, in-12.   2 50

Les Pensées et Lettres de saint François de
   Sales, 1 vol. in-12. . . . .   2 50

Les Pensées de Pascal, in-12.   3

Réflexions sur la miséricorde de Dieu, de
   madame de la Vallière, in-12. . . .   2 50

Les Pensées de Ganganelli, in-12. . . .   2 50

Le poëme de la Religion, de Louis Racine,
   in-12.   2

Les Odes sacrées de J.-B. Rousseau, in-12.   2

Les Poésies de Pompignan, in-12. . . .   2

Les Lettres de quelques Juifs, de l'abbé
   Guénée, 3 vol. in-12. 1808.   9

Sermons du Père La Neuville, 8 vol. in-12.   20

Sermons de l'abbé Poulle, 2 vol. in-12. .   5

Dictionnaire de la Bible, refondu par
   Petitot, in-12.   5

—————
244 50
—————

MORALISTES.

fr. c.

Les Caractères de La Bruyère, 2 vol. in-12.   5

Maximes et Pensées de La Rochefoucauld,
   in-12. . . . .   2 50

Le Génie du christianisme, par M. de
   Châteaubriant, édition pour la jeunesse,
   2 vol. in-12.   6

fr. c.

Avis d'une mère à son fils et à sa fille, par
madame la marquise de Lambert, 2 vol.
in-12.   5

Essais sur les moyens de plaire, de Mon-
crif, in-12. . . . .   2 50

Apologues et Dialogues des morts, de Féne-
lon, in-12. . . . .   2 50

L'Éducation des filles, par le même, in-12.   2

Pensées de l'abbé Trublet, in-12. . . .   2

L'Étude du cœur humain, in-12. . . .   2 50

Legs d'un père à ses filles, traduit de
l'anglais par Morellet, in-12. . . .   1 80

Des consolations, ou Recueil choisi de tout
ce que la raison et la religion peuvent
offrir de consolation aux malheureux,
10 vol. in-18. 1796.   20

Morale de Marc-Aurèle Antonin, traduction de Parmentier, in-18. . . . . . .   1 50

Les Offices de Cicéron, traduction de Bar-
rett, in-12.   3

Le comte de Valmont, par M. Gérard,
6 vol. in-12. fig.   21
                                        ____
                                           78 30

HISTOIRE.

fr. c.

Dictionnaire historique, 13 vol. in-8o. .   96

Mœurs des premiers Chrétiens, par Fleury,
in-12. . . . .   2 50

Histoire ancienne de Rollin, 14 vol. in-12.   42

Histoire romaine de Laurent Échard, 16
vol. in-12.   40

fr c.

Histoire chronologique de France, du président Hénault, 5 vol. in-8o. 20

Histoire de Henri IV, de Péréfixe, in-12. 2 5o

Mémoires de Sully, 8 vol. in-12. . . . 24

Histoire de la rivalité de la France et de l'Angleterre, par Gaillard, 11 vol. in-12. 33

Histoire de François Ier, par le même, 7 vol. in-12. . . . . 2 1

Histoire de Charlemagne, par le même, 3 vol. in-12. . . . . 7 5o

Révolutions de Suède et de Portugal, par Vertot, 3 vol. in-12. . . . . 7 5o

Histoire de Malte, par le même, 7 vol. in-12. 17 5o

Histoire de Venise, de M. L***, 12 vol. in-12. 3o

Histoire d'Allemagne, du père Barré, 11 vol. in-4o. 1748 . . . . 5o

Histoire de Danemarck, par Mallet, 9 vol. in-12. 27

Histoire de l'anarchie de Pologne, par Rulhière, 4 vol. in-8o. 27

Histoire de Russie, par Leclerc, 6 vol. in-4o. Atlas in-fol. 100

Conjuration de Venise, par Saint-Réal, in-12. . . . . 2 4o

Histoire des Arabes, par Marigny, 4 vol. in-12. 10

Histoire Ottomane, par Mignot, 4 vol. in-12. 8

Tableau historique des Nations, par Jondot, 4 vol. in-8o. 3o

Choix des Lettres édifiantes, 8 vol. in-8o. 57

Mémoires du cardinal de Retz et de Joly, 6 vol. in-12. 15

fr. c.

Le Génie des peuples anciens, par madame
  de Chastenay, 4 vol. in-8º. 3o

Lettres de madame de Maintenon, 16 vol.
  in-12. . . . .   3o

Lettres de madame de Sévigné, 11 vol.
  in-12. 1807. . . . .   4o

Histoire de la Géographie, par Malte-Brun,
  5 vol. in-8º et atlas. . . . . . .   »   »

Histoire d'Angleterre, de Hume, traduite
  par l'abbé Prévôt et la présidente de
  Mézières, 18 vol. in-12.   54

Histoire d'Espagne, par Désormeaux, 5
  vol. in-12. . . . . o   15

Histoire de Charles-Quint, par Robertson,
  6 vol. in-12.   18

Histoire d'Amérique, par le même, 4 vol.
  in-12.   12

Voyages d'Anacharsis, par l'abbé Barthé-
  lemy, 7 vol. in-8º et atlas. 6o

928 9o

SCIENCES, AGRICULTURE, ÉCONOMIE DOMESTIQUE.

fr. c.

Dictionnaire nouveau d'histoire naturelle,
  publié par Sonnini, 24 vol. in-8º. . .   200

Dictionnaire de botanique, de Bulliard,
  in-8º.   9

Dictionnaire de chimie, par Cadet, 4 vol.
  in-8º. 1806. . . . .   3o

Dictionnaire des drogues et des minéraux,
  par Morellot, 2 vol. in-8º.   15

	fr. c.
Dictionnaire raisonné de Pharmacie chimique, par J.-B. Rivet, 2 vol. in-8o.	12
Dictionnaire de pharmacie, de Baumé, 2 vol. in-8o.	11
Nouveau Cours d'agriculture, 13 vol. in-8o.	90
La Petite Maison rustique, 2 vol. in-8o.	15
La Maison rustique, 3 vol. in-4o avec pl.	42
Dictionnaire des Arts et Métiers, par Lunier, 3 vol. in-8o.	27
Dictionnaire de Géographie, de Vosgien, in-8o.	9
Le Spectacle de la nature, de Pluche, 11 vol. in-12.	30
Le Calendrier de Flore, de madame Victorine de Chastenay, 3 vol. in-8o. . .	18
La Flore française, de M. Lamarck, 5 vol. in-8o.	50
Avis au peuple sur sa santé, par Tissot, 2 vol. in-12.	3
Recette de médecine domestique, de madame Fouquet, mère du fameux surintendant, in-12.	6
La Bonne Fermière, de Parmentier, in-12.	2 50
La Cuisinière Bourgeoise, in-12.	2
Le Petit Jardinier, in-12.	6
	577 50

LITTÉRATURE, POÉSIE, THÉATRES.

	fr. c.
Télémaque, par M. de Fénelon, 1 vol. in-12.	3

fr. c.

L'ouvrage sur les châteaux, de M. de la
  Borde, 1 vol. in-8º. 2 50

Nouveau Dictionnaire des synonymes, par
  Guizot, in 8º. 1809. 12

L'art poétique, de Boileau, in-8º. . . 3 60

Les Fables de La Fontaine, in-12. . . . 3

OEuvres de madame Deshoulières, 2 vol.
  in-12. 4

OEuvres de Gresset, 2 vol. in-12. . . 5

OEuvres de P. Corneille, avec les com-
  mentaires de Voltaire, 12 vol. in-8º. . 60

OEuvres de J. Racine, avec les commen-
  taires de Geoffroy, 7 vol. in-8º. fig. 1808. 78

OEuvres de Crébillon père, 3 vol. in-8º. 18

OEuvres de Molière, 8 vol. in-12. fig. 1806. 20

OEuvres de Regnard, 6 vol. in-8º. fig. . 30

Répertoire du théâtre français, 23 vol in-8º.
  figures. 180

L'Iliade et l'Odyssée d'Homère, traduction
  de Bitaudé, 6 vol. in-8º. 36

L'Énéide de Virgile, traduction en vers
  par Delille, 4 vol. in-12. 14

Le Paradis perdu, de Milton, traduit en
  vers par le même, 3 vol. in-12. . . 10 50

Les Géorgiques de Virgile, traduites en
  vers par le même, in-12. fig. . . . 3 50

La Jérusalem délivrée, du Tasse, traduction de Lebrun, 2 vol. in-12. . . . 6

La Henriade de Voltaire, in-12. . . . 2 50

Séthos, de l'abbé Terrasson, 2 vol. in-8º. 8

La Mort d'Abel et les Idylles de Gessner,
  2 vol. in-12. 5

I. 8

	fr.	c.
La Lusiade, du Camoëns, traduction de Laharpe, 2 vol. in-8º.	12	
La Mythologie comparée à l'Histoire, par M. de Tressan, 2 vol. in-12. fig. . .	5	
Le Petit Dictionnaire de la fable, de Chompré, le seul que des jeunes personnes puissent lire (1); les autres ne sont faits que pour des savans; 1 vol. in-12. p. p.	2	5o
Grammaire de Wailly, 1 vol. in-12. . ..	3	
Dictionnaire de l'Académie, édition de Bossange, 2 vol. in-4º. . . . . . :	36	
Rhétorique des demoiselles, in-12. . .	2	5o
Poésies de M. de Fontanes.	»	»
Cours de littérature de Batteux, 6 vol. in-12.	12	

894 60

LIVRES ANGLAIS.

	fr.	c.
Grammaire anglaise de Siret, in-8º. . .	2	
Le Maître d'anglais, de Cobett, 1 vol. in-8º, 4me édition, revue par Sc. Duroure.	7	
Dictionnaire anglais-français, et français-anglais, de Boyer, 2 vol. in-4º. . .	24	
Dictionnaire anglais des grands hommes, 14 vol. in-8º. . - -		
The Spectator, 7 vol. in-12.	35	
The World, ouvrages périodique aussi, 2 vol. in-12.	9	

187

(1) Encore avec quelques restrictions; on doit le leur lire et non le leur donner, car il s'y trouve plusieurs articles qui ne sont nullement faits pour cet âge.

LIVRES ITALIENS.

	fr. c.
Grammaire italienne, de Veneroni, in-8o.	5
Dictionnaire italien - français et français-italien, d'Alberti, 2 vol. in-4o. . .	36
Metastase, 12 vol. in - 12 (1).	5o
	91

(1) On doit supposer qu'une mère telle qu'Elmire ne donnera pas à sa fille la permission de lire seule tous ces livres; que même dans ce nombre il en est plusieurs dont elle supprimera beaucoup de choses dans ses lectures, comme, par exemple, dans les Œuvres de Molière; et qu'en lisant certains passages de quelques autres elle fera les réflexions convenables. Peut-être jugera-t-on que l'on pourroit ajouter quelques volumes à cette bibliothèque de campagne et d'éducation; mais on pense que tous ceux qu'on a désignés formeront un cours de lecture aussi instructif qu'agréable.

CHAPITRE IX.

D'un cabinet d'histoire naturelle.

Nous formerons notre cabinet d'histoire naturelle des curiosités du pays; c'est un amusement instructif, et qui rend plus agréable le séjour de la campagne. Nos amis qui vivent dans d'autres provinces, en Auvergne, en Languedoc, en Dauphiné, etc., nous enverront des fossiles, des minéraux, des pétrifications, etc. Nous ferons pour notre cabinet des collections de coquilles fluviatiles : avec du choix on peut, sur une grande quantité, en faire une collection très-précieuse. Feu madame de Bandeville, qui avoit un cabinet si fameux, s'étoit plu à former cette collection, qui, à sa mort, a été vendue six mille francs. Tous les ans on lui envoyoit par eau, de ses terres, une quantité de grands sacs pleins de colimaçons de vignes, de jardins et de rivière; elle ne choisissoit que les plus rares, et elle forma ainsi, à la vérité en vingt ans, une collection unique. En histoire naturelle, rien n'est à dédaigner; tout ce qui est complet et bien choisi est précieux. J'ai connu un homme qui avoit fait une collection de sables, qu'il a vendue cent louis à un amateur.

On peut faire une charmante collection de graines, d'une manière très-agréable à la vue, et qu'on devroit employer dans les cabinets d'histoire naturelle, soit en tableaux, soit en panneaux ou en tables; voici comment :

On fait faire par un menuisier un cadre carré de bois, à petits compartimens à jour, contenant autant de petites cases qu'on en désire, toutes carrées, profondes seulement de quelques lignes, et n'étant séparées les unes des autres que par une mince épaisseur de bois. .... On applique bien hermétiquement une glace, sur l'une des faces de ce cadre; cette glace bouche alors, d'un côté, toutes les ouvertures des petites cases; ensuite, on retourne ce cadre, on l'appuie sur une table, du côté de la glace, l'autre surface découverte laisse toutes les cases ouvertes; on remplit à moitié toutes les cases de graines, chaque graine différente pour chaque case; cela fait, on achève de remplir toutes les cases avec du coton noir; après quoi, on scelle sur toute cette surface une planche pour contenir le tout. On retourne le châssis ou cadre, et l'on voit de l'autre côté, à travers la glace, toutes les graines formant de charmans compartimens. Il faut observer qu'il est essentiel que la glace soit parfaitement appuyée sur les cases, sans quoi les graines fines passeroient entre le châssis et la glace; pour éviter cet inconvénient, il faut 1° que les surfaces des cases soient bien égalisées, et 2° mettre de petites lisières de drap sur toutes les surfaces des cloisons qui séparent les cases. Un verre ne s'appuieroit jamais parfaitement sur le châssis, il faut absolument une glace. On peut, comme on l'a dit, faire de ces châssis des dessus de petites tables, des tableaux accrochés, etc.

Nous ferons aussi des herbiers et de feuilles et de plantes entières. Ceux de feuilles se font ainsi : on prend deux feuilles de chaque arbre, on les met entre deux feuilles de papier gris, et ensuite sous presse, on les laisse là douze heures; ou bout de ce temps, on les retourne, on les replace sur un endroit sec du papier, et on les remet sous presse pendant douze ou quinze heures. Alors, avec un peu de gomme, on les colle l'une à côté de l'autre, l'une à l'endroit, l'autre à l'envers, sur une feuille de papier blanc, et l'on écrit le nom au bas des feuilles. On dessèche de la même manière les plantes et les fleurs entières, mais on ne les colle point, seulement on les fixe sur le papier blanc, avec deux petits morceaux de papier collés sur chaque tige.

Voici une manière de dessécher les fleurs, qui n'est dans aucun livre, que j'ai apprise en Allemagne, et qui conserve les formes et le relief des fleurs.

Ayez une boîte carrée, remplie de sable fin bien tamisé et bien desséché au soleil. Couchez sur ce sable vos fleurs, les queues presque coupées et enfoncées dans le sable; que les fleurs soient à hauteur et distances égales entre elles. Ensuite, recouvrez-les de sable, en le jetant avec un tamis, de façon qu'on ne voie plus du tout les fleurs; que tout soit bien couvert sans être surchargé. Après cela, exposez cette boîte au soleil pendant six heures;

ensuite, prenez une à une les fleurs dans le
tamis vide, secouez doucement le tamis, le
sable passera ; les fleurs, parfaitement desséchées, ayant pris de la fermeté, conservé
leurs couleurs et leurs formes, resteront dans
le tamis. On peut, avec ces fleurs, former de
jolis tableaux, en les groupant et les collant
sur un fond, et les encadrant, en les garan-
tissant par une glace. Ce procédé est sûr ;
mais je n'ai desséché ainsi que de petites
fleurs des champs, l'herbe aux perles, des
marguerites, le bec de grue, la petite centaurée, etc. ; je n'ai point desséché de grandes
fleurs : on m'a assuré qu'on les desséchoit de
même, mais je crois qu'il faut les laisser plus
long-temps au soleil, et peut-être les exposer
dans un four peu chauffé.

Voici la manière d'empailler les oiseaux.

Méthode pour empailler les oiseaux.

Il y a trois manières d'empailler les oiseaux ;
la première concerne les oiseaux frais, c'est-
à-dire ceux qu'on peut se procurer nouvellement morts ou tués ;

La seconde, les peaux desséchées qu'on
envoie de l'étranger.

Et la troisième apprend à tirer parti des débris de plusieurs oiseaux de même espèce,
pour en former un de toutes pièces. Nous ne
parlerons que de la première manière.

De l'empaillement des oiseaux frais.

Lorsqu'on s'est procuré un oiseau frais, c'est-à-dire mort ou tué depuis peu de temps, on le place devant soi sur une table, en l'étendant sur le dos, la tête en avant, et la queue tournée vers le préparateur; après avoir séparé avec les doigts, à droite et à gauche, les plumes qui recouvrent le ventre et une partie du corps, on soulève celles qui descendent sur le sternum; on fait alors, à l'aide d'un scalpel, une incision longitudinale, depuis la pointe du sternum jusque vers la moitié du bas-ventre.

Presque tous les auteurs qui ont parlé de la taxidermie des oiseaux (1) ont prescrit de faire cette ouverture jusqu'à l'anus; mais cette méthode est vicieuse, et contribue beaucoup à la forme défectueuse qu'on remarque dans la plupart des oiseaux empaillés; comme la totalité de la peau du ventre se trouve ouverte, elle ne forme plus cette espèce de petite poche destinée à recevoir et à retenir les matières employées à remplir l'oiseau; le ventre reste alors aplati, au lieu de présenter la forme sphéroïdale qui lui est naturelle.

Lorsque l'incision est faite de la manière que nous l'avons recommandé, on soulève les bords de la peau avec une pince plate, nom-

(1) *Taxidermie*, mot pris du grec, qui signifie embaumement.

mée bruxelle , et ce alternativement des deux
côtés de l'ouverture , en rompant son adhérence avec les chairs au moyen de la pointe
de la lance d'un scalpel. On introduit ensuite
du coton sous cette peau soulevée, pour empêcher les plumes d'entrer dans l'ouverture ,
ce qui ne manqueroit pas de les souiller ; on
détache aussi , le plus qu'il est possible , la peau
qui recouvre les épaules et le cou ; et lorsque,
par cette opération , on est parvenu à mettre
à découvert la plus grande partie du corps de
l'oiseau , on passe à travers ses narines , au
moyen d'une aiguille , un fil assez fort , que
l'on noue dessous la mandibule inférieure du
bec , en laissant déborder les deux bouts de
ce fil de la longueur double du cou de l'indi-
vidu qu'on prépare. On se saisit ensuite de
l'oiseau , et le tenant en l'air , le dos tourné
devant soi , on contient avec les doigts les
plumes des deux bords de l'incision , ainsi que
celles qui recouvrent la poitrine ; on pousse
alors la tête de l'oiseau en-dedans avec le
pouce ; ce qui fait décrire une espèce d'arc au
cou ; on le coupe avec des ciseaux tout près
du corps , ainsi que l'œsophage et la trachée-
artère ; on oblige ensuite la tête à passer par
le cou , en retournant la peau , en la détachant
à mesure des chairs et des membranes, en
poussant la tête en-dedans avec le pouce , et
en tirant l'extrémité du cou à soi , sans de
grands efforts.

Lorsqu'on est arrivé aux oreilles , on détache
avec un petit poinçon les sacs membraneux

qui tapissent l'intérieur de ces organes, puis on fait descendre la peau jusqu'aux yeux; on les fait sortir des orbites, et on les sépare de la peau, en coupant les membranes qui adhèrent autour de leurs globes; on continue ensuite à faire sortir le reste de la tête jusqu'au bec; et, après avoir coupé le cou près du trou occipital, on agrandit un peu ce trou à l'aide d'un instrument tranchant, et puis on vide le crâne avec un petit crochet de fil-de-fer aplati par le bout, en forme de cure-oreille, et on le nettoie proprement avec du coton qu'on fait entrer dans la boîte osseuse, et qu'on retire ensuite, ce qui doit être répété plusieurs fois. Cela fait, on enveloppe de coton ou de filasse la tête et le cou, et on s'occupe ensuite à dépouiller le corps; pour cet effet, on détache, à l'aide d'un scalpel, la peau qui recouvre les gros muscles des ailes; on les sépare ensuite du tronc, en coupant les articulations des humérus; les deux ailes étant enlevées, on saisit la partie supérieure du tronc avec l'index et le pouce, si l'animal est d'un petit volume; mais s'il est de grosse taille, il faut appuyer son croupion sur la table, après avoir retroussé la queue, et avoir retiré les pattes en avant, après quoi on détache la peau du dos avec l'ongle du pouce, qu'on presse un peu sur les chairs en grattant. Si la peau est trop adhérente, on emploie la lame du scalpel, et son manche même, qui doit, à cet effet, être aplati et terminé en couteau à son extrémité. Lorsqu'on a mis les cuisses à découvert, on les

coupe avec des ciseaux dans la première arti-
culation, on continue ensuite à dépouiller
l'oiseau jusqu'au coccix, en retournant la peau
du bas-ventre ; arrivé à l'anus, on en coupe
les membranes ; on sépare alors le tronc de la
peau, en le coupant tout près de l'os de la
queue ; et après avoir enlevé toutes les chairs
qui recouvrent ces os, on dépouille les cuisses,
en retournant la peau, et en la faisant descendre jusqu'aux articulations des jambes, c'est-à-
dire le plus bas possible. Après avoir complètement enlevé les chairs et les muscles, on passe
aux ailes, qu'il faut aussi dépouiller en tirant
l'humérus en dedans, et en faisant descendre
la peau jusqu'à l'insertion des grandes plumes
sur le cubitus et le radius ; il faut alors employer une certaine force pour détacher ces
plumes des os, surtout si l'animal est un peu
gros ; l'ongle du pouce suffit pour les petits ;
mais il faut employer, à l'égard des autres, la
lame d'un fort couteau, dont le tranchant soit
un peu émoussé ; mais quelques efforts qu'on
puisse faire, on ne peut cependant découvrir
entièrement les ailes : il est impossible de faire
descendre la peau plus bas que le dernier os,
qu'on nomme communément aileron, sans s'exposer à la déchirer ; mais cet os se trouve peu
recouvert de chair. On enlève ensuite les muscles et les tendons des autres os des ailes, en
ménageant les attaches des articulations. L'oiseau se trouve alors totalement dépouillé ; sa
peau est retournée comme un gant, et toutes
ses plumes sont renfermées en dedans. On

ferme toutes les ouvertures naturelles de l'a-
nimal, au moyen d'une aiguille et d'un fil très-
fin, c'est-à-dire l'anus, les oreilles et les yeux,
ainsi que tous les trous faits à la peau, si l'in-
dividu a été tué avec le fusil ; on passe ensuite
avec un pinceau sur toute l'étendue de la peau,
ainsi que sur tous les os, une couche d'une
forte infusion de tan, chargée d'un peu d'alun,
et puis on renferme la peau dans un vase couvert, pour que la dessiccation ne se fasse pas
trop vite : au bout de dix à douze heures, on
peut enduire la peau et les os d'une seconde
couche de liqueur, ce qui suffit pour tous les
oiseaux de la grosseur d'une grive et au-dessous. A l'égard de ceux d'une grosseur au-
dessus, il faut employer la macération dans
la liqueur tannante, pendant deux jours, pour
ceux de moyenne taille, et quatre à cinq jours,
et même plus, pour les gros. On conçoit qu'il
est alors nécessaire de faire une couture à l'ouverture, ou incision longitudinale, pour empêcher la liqueur de pénétrer dans l'intérieur,
ce qui souilleroit les plumes. A l'égard des
oiseaux dont les ailes se trouvent trop longues
pour pouvoir être renfermées, sans froisse-
ment, dans la peau retournée, il faut se contenter d'y en faire entrer le plus qu'il sera possible, et de coudre ou de lacer par-dessus le
reste les bords de la peau, en observant de
la faire plonger dans la liqueur tannante, de
manière à ce que les bords de l'incision excèdent le liquide de deux ou trois lignes, et de
passer à diverses reprises, sur ces bords, un

pinceau imbibé de la même liqueur, ce qui suffira pour tanner cette partie de la peau.

OBSERVATIONS.

Tous les oiseaux en général, quel que soit leur volume, peuvent être dépouillés de cette manière, à l'exception cependant de ceux qui portent sur la tête des espèces de cornes ou proéminences osseuses, tels que le casoar, et de ceux qui ont la tête très-grosse relativement au petit volume de leur cou. De ce nombre sont quelques espèces de canards, les pies, les flamands ou phénicoptères, etc. On déchireroit entièrement la peau de ces oiseaux, si on vouloit faire passer leur tête par le cou.

Il faut donc, à leur égard, prendre quelques précautions. On leur fait une incision au sommet du crâne, et on la prolonge de quelques pouces le long du cou ; on soulève et on détache la peau tout autour de cette partie, en coupant le tissu cellulaire qui forme son adhérence avec les corps charnus. Le cou étant ainsi bien détaché de la peau, on le coupe près de la tête, et on continue à dépouiller en totalité, de la manière que nous l'avons expliqué plus haut ; et après avoir vidé et bien nettoyé le crâne, et enlevé toutes les chairs, on fait sortir le cou de la peau, en le retournant ; on fait ensuite une couture à l'incision occipitale, et on continue le reste du dépouillement comme pour les autres oiseaux.

Comme la beauté des animaux empaillés

dépend de la grande propreté qu'on apporte dans leur dépouillement, il faut avoir l'attention, avant de commencer à retourner la peau de la tête, d'introduire un peu de coton dans l'œsophage de l'animal, pour empêcher l'humeur visqueuse et souvent sanguinolente qu'il contient, de s'écouler par le bec et les narines, et de se répandre sur les plumes du cou et de la poitrine. Il faut aussi saupoudrer de son l'intérieur de la peau, surtout lorsqu'elle est chargée de graisse, et s'en frotter aussi souvent les mains. Une autre précaution qu'il ne faut pas négliger, c'est d'empêcher que les bords de l'incision longitudinale qu'on a faite à la peau, le long du sternum et du ventre, ne se roulent sur eux-mêmes, et ne se collent en forme de corde. Il faut étendre et développer de temps en temps ces bords, pour qu'ils puissent servir à soutenir la couture qu'on doit faire à la peau de l'oiseau ; sans cela, on seroit obligé de faire passer l'aiguille à travers une portion de peau recouverte de plumes, ce qui nécessairement les hérisseroit et leur donneroit une mauvaise position.

Un autre avantage de la conservation de ces bords, c'est que la peau dans cet endroit est plus forte et soutient mieux la couture que dans toutes les parties de l'animal.

Manière de monter les oiseaux.

Les peaux étant bien imprégnées de liqueur tannante, soit par immersion, soit à l'aide d'un pinceau, on passe dessus une couche de pommade savonneuse, camphrée, délayée avec un peu d'eau ; on fait ensuite deux boules de cire, d'une grosseur proportionnée à la concavité des orbites, de manière cependant qu'elles puissent tourner dedans. On creuse ces petites boules avec la pointe d'un canif, et on y fixe les yeux d'émail, ce qui imite assez bien le globe naturel de l'œil. Après avoir bien enduit toute la tête de pommade, on fait entrer les yeux artificiels dans les orbites, et on recouvre alors la tête de sa peau, en la faisant repasser par le cou, ce qui se fait assez facilement avec un peu d'adresse ; on contient ensuite avec les doigts, d'une main, les plumes de la poitrine, on pousse le crâne en dedans, en appliquant le pouce dessus, et on tire à soi modérément, de l'autre main, le fil attaché au bec de l'oiseau ; lorsque la tête est en place, on passe aux ailes ; on étend d'abord sur les os une couche de pommade savonneuse ; et, après avoir remplacé les chairs qu'on a enlevées sur ces os, avec un peu de coton haché menu, on y étend encore une couche de pommade, ainsi que sur la peau qui doit les recouvrir ; et puis, prenant l'extrémité de l'aile d'une main, en tenant les bords de l'incision longitudinale, de l'autre on met les os en place, en les faisant rentrer dans la peau. On en fait autant aux cuisses, ainsi qu'à la queue, et alors l'oiseau se trouve entièrement retourné.

On s'occupe ensuite du remplacement de la

charpente osseuse. On prépare et on arrange à cet effet des fils-de-fer bien recuits, de la manière suivante : on coupe un fil-de-fer du double plus long que l'oiseau qu'on veut monter, et d'une grosseur proportionnée à son volume, c'est-à-dire assez fort pour le soutenir; on joint ensuite et on fixe celui-ci à un autre, qui ne doit avoir que le tiers de sa longueur, en les tordant ensemble à sept ou huit tours, de manière qu'une des extrémités de ces fils-de-fer reste simple sur les deux tiers de sa longueur, et se trouve double sur l'étendue de l'autre tiers. On écarte alors les deux fils-de-fer, et on les courbe dans l'endroit où finit la torse, de manière à leur faire former une espèce d'anneau assez ouvert pour y faire entrer un doigt, si c'est un petit oiseau ; deux doigts si c'est un moyen, et plus, si c'est un gros. Cet anneau doit rester ouvert dans sa partie inférieure, de telle sorte que les deux fils-de-fer dont il est formé représentent deux portions de cercle terminées par deux petites tiges droites, ce qui ressemble assez à une fourche. Il faut terminer en pointes aiguës les trois extrémités de cette fourche, au moyen d'une lime ; on enfonce dans le milieu du crâne de l'animal la tige supérieure de cette fourche, en la faisant passer dans l'intérieur de la peau du cou ; mais comme cela présente quelques difficultés, il faut employer un moyen simple : pour y parvenir facilement, on introduit par le bec de l'oiseau une petite baguette de bois tendre, un peu arrondie par un bout, et on

la fait descendre jusqu'au milieu de la poitrine ;
on enfonce alors l'extrémité pointue de la tige
de fer dans le bout arrondi de la baguette,
pour lui servir de conducteur. Le fil-de-fer
arrivé, par ce moyen, jusqu'au bec de l'oiseau,
on enlève la baguette ou conducteur, et, sai-
sissant alors avec les doigts, d'une main la
tête de l'animal, et de l'autre le fil-de-fer qui
se trouve dans le milieu du corps, on le retire
jusqu'à ce que la pointe soit descendue sous
le crâne ; on l'enfonce ensuite dans le milieu
de la tête, autant qu'il est possible, en le faisant passer à travers les os et la peau, jusqu'à
la naissance de la torse, ou jonction des deux
fils-de-fer tordus ensemble ; on fait après cela
pénétrer à travers l'os de la queue les deux
extrémités de la fourche sous les grandes
plumes qui la recouvrent en-dessous. Cela
fait, on retire sa tête en haut, jusqu'à ce
que la peau soit entièrement développée, en
observant que l'anneau pratiqué à l'espèce
de colonne dorsale artificielle soit placé dans
le ventre de l'oiseau. On emploie, après cela,
deux autres fils-de-fer, pour former le soutien
des jambes ; ils doivent être droits et pointus
par le bout, et d'un tiers plus longs que les
jambes et les cuisses : on perce la plante des
pieds avec une pointe d'acier, et après l'avoir
retirée on fait entrer dans l'ouverture qu'elle
a faite les extrémités pointues de ces fils-de-
fer, en les faisant tourner entre les doigts,
et on les fait pénétrer sous la peau du tarse
et de la jambe, jusqu'à ce qu'ils soient

entrés assez avant dans le corps. On ploie alors à angles droits chaque extrémité des-fils-de fer , l'une à droite et l'autre à gauche , à la longueur du premier os de la cuisse ; on termine ensuite chaque extrémité par un petit anneau , au moyen d'une pince à bec ; on fait passer alors un fil assez fort, ou une petite ficelle, dans l'un de ces anneaux, ensuite dessous la colonne vertébrale artificielle , et enfin , dans le second anneau. On noue fortement les deux bouts du fil , ce qui assujettit le tout ensemble , et lui donne une sorte de solidité. La charpente osseuse artificielle ainsi établie, on repousse les pattes en-dedans du corps , jusqu'à ce que les têtes des fémurs soient arrivées à l'angle droit des fils-de-fer ; on embrasse alors les tiges de fer et les os avec du fil, et on les fixe ensemble , en nouant fortement les deux bouts de ce fil. On commence ensuite à remplir l'oiseau ; on emploie , à cet effet, des tiges de fer de différentes longueurs et grosseurs , dont on a appointé l'une des extrémités ; on prend l'extrémité non pointue d'une de ces tiges avec l'index et le pouce de la main droite, et on fait tourner la pointe après l'avoir mouillée auparavant dans de la filasse fine et hachée menue , que l'on tient entre les doigts de la main gauche ; et quand une petite quantité de cette matière s'est attachée par ce moyen à cette pointe , on la fait entrer dans l'étui des cuisses, ce qu'il faut répéter jusqu'à ce qu'il soit parfaitement rempli : on en introduit de la même manière une petite quantité à l'entrée du cou, par la poitrine, et ce, entre la tige de fer et la peau, en tâchant, autant qu'il est possible, que cette tige se trouve dans le milieu ; mais il faut bien se garder de remplir entièrement le cou, comme plusieurs préparateurs le recommandent ; car cette manipulation donne ordinairement trop de grosseur au cou, et empêche, d'ailleurs, de pouvoir donner à cette partie de l'animal l'attitude et la grâce qu'elle est susceptible de prendre. C'est par le bec, comme nous le dirons plus bas, qu'il faut achever de remplir le cou. On passe ensuite à la queue ; et après avoir un peu soulevé la fourche qui doit la soutenir, on passe dessous de la filasse hachée menue, pour former, entre le fer et la peau, une espèce de petit matelas uni ; on continue de mettre de la même matière tout le long de la colonne vertébrale artificielle ; on remplit ensuite de même le petit sac ménagé au bas du ventre et tout le reste du corps ; mais on ne doit pas perdre de vue qu'il faut garnir la poitrine un peu plus que les autres parties ; car, en général, les oiseaux ont des muscles pectoraux très-gros et charnus. L'animal étant rempli, on fait une couture en forme de lacet à l'incision longitudinale, en la commençant par le sternum, ayant soin d'écarter les plumes à chaque point de couture, pour qu'elles ne s'embarrassent pas dans le fil, et de faire ces points dans les bords de la peau, ainsi que nous l'avons déjà recommandé. Après cela,

on remet les plumes à leur place, et on rend
tout le corps de l'oiseau le plus lisse qu'il est
possible; on le monte ensuite sur un pied de
bois ou juchoir, fait en forme de croix, et
proportionné à sa taille. On l'y fixe d'une manière assez solide, en faisant passer par deux
petits trous, pratiqués à la branche supérieure
de la croix, les deux extrémités non pointues
du fil-de-fer resté au-dehors de la plante des
pieds; on tord ensuite tout autour de ladite
branche l'excédant de ces fils-de-fer; et puis
on ploie un peu les jambes à la jointure du
tibia; on relève la tête de l'oiseau, pour lui
donner l'attitude convenable à son espèce, et
on achève seulement de lui remplir le cou,
en y introduisant peu à peu, par le bec, de la
filasse hachée, à l'aide d'une petite tige de fer.
Enfin, on arrange les cils, et on arrondit les
paupières, pour faire ressortir l'œil d'émail. L'a-
nimal étant ainsi monté sur son pied, on étend
ses ailes, et on les reploie ensuite en rangeant
les grandes plumes ou pennes, de manière à
ce qu'elles se recouvrent en partie, comme
dans l'état naturel, ce qui se fait en les faisant
glisser les unes sur les autres, à peu près
comme les branches d'un éventail. On place
ces ailes dans la position qui convient à l'oiseau, on les y maintient avec une bande mince
de plomb laminé, assez étroite pour ne pas
gêner le reste de l'opération relative aux ailes.
On entoure tout le corps de l'oiseau avec cette
bande; on fait ensuite passer une longue aiguille enfilée, à travers la poitrine, tout près

des épaules, et immédiatement au bas des
ailes, et on noue les deux bouts de fil par-
dessus le dos, et puis on ôte la lame de plomb;
et pour cacher le fil qui entoure l'oiseau et qui
soutient ses ailes, il ne s'agit que de faire sortir de dessous ce fil quelques plumes, à l'aide
d'un petit stylet, pour le couvrir parfaitement.
On peut aussi tout simplement mettre un peu
de colle-forte chauffée légèrement sous les ailes, pour les fixer au corps, ou mieux encore
une petite quantité de pâte gommeuse, dont
on trouvera la composition plus bas. Comme
la dessiccation ne manqueroit pas de défor-
mer la queue de l'animal, si on n'en assujet-
tissoit pas les plumes dans la position qu'elles
doivent naturellement avoir, il faut les contenir et les ranger entre deux petits morceaux
de bois plats, dont on lie deux extrémités avec
du fil, et quand la queue est entrée entre les
deux branches, qu'on a un peu écartées à cet
effet l'une de l'autre, on les rapproche au
moyen d'un bout de fil que l'on noue à leur
autre extrémité; il ne s'agit plus après cela
que de faire usage de la liqueur spiritueuse
amère, et voici la manière de l'employer :
on soulève, à l'aide d'une petite tige de fer
pointue, toutes les plumes de l'oiseau, couche par couche, à commencer par la tête; et,
au moyen d'un petit pinceau de poil, on en
applique légèrement sur la peau, à l'origine
des plumes; et quand on est ainsi parvenu à
parcourir toute la surface de l'oiseau, il faut
le réparer, c'est-à-dire le rendre parfaite-

ment lisse, en arrangeant les plumes avec de petites bruxelles.

On emploie à la conservation des pieds et des jambes des oiseaux de l'huile de lin, dans laquelle on délaie deux onces de camphre par livre. Il faut l'appliquer un peu chaude sur toutes ces parties, au moyen d'un pinceau, ce qui suffit pour tous les oiseaux qui ont les jambes grêles et sèches; mais il faut fendre par-derrière, avec la pointe d'un bistouri, celles qui sont charnues, enlever tous les muscles tendineux, et saupoudrer l'intérieur d'alun calciné, ou sulfate d'alumine, privé de son eau de cristallisation. On fait entrer ensuite, le long du tibia, de la cire molle (c'est de la cire qu'on a fait fondre avec un peu de térébenthine), et après avoir rapproché les bords de l'incision, on les presse contre la cire pour les y faire adhérer; on les enveloppe d'un ruban de fil, jusqu'à ce que les jambes soient bien sèches, après quoi on les recouvre d'une couche d'huile de lin cuite, à laquelle on a auparavant communiqué la couleur que ces parties doivent naturellement avoir.

Il faut aussi mettre en couleur les différentes membranes que certains oiseaux ont sur la tête, près du bec et sous le cou, etc.; enfin, la dernière opération consiste à envelopper les oiseaux préparés de bandelettes de linge, non-seulement pour contenir les plumes en place pendant la dessiccation, mais pour les imprégner de liqueur amère sans tacher leur robe. On emploie, à cet effet, des bandelettes de mousseline pour les petits oiseaux, et de linge fin pour les gros. On fait tremper ces bandes dans la liqueur amère, et après les avoir exprimées on les applique tout humides successivement sur toutes les parties de l'animal, en commençant par le bec, et on les fixe en place au moyen de quelques épingles fines.

On laisse après cela sécher l'oiseau à l'ombre ; et lorsqu'il est bien sec, on le développe, et on coupe le fil-de-fer qui excède la tête. Dans la crainte que le bec ne reste ouvert, ou que les deux mandibules ne s'écartent de travers, c'est-à-dire, en sens contraire, il est bon d'introduire une épingle dans les deux narines, et de tenir le bec fermé, en nouant autour un bout de fil en dessus de l'épingle.

OBSERVATIONS.

Lorsque l'on veut représenter l'oiseau au vol, il faut lui maintenir les ailes étendues, au moyen d'un fil-de-fer d'une grosseur convenable, c'est-à-dire de manière que ses deux extrémités, qui doivent être terminées en pointes, puissent pénétrer de quelques lignes dans les derniers os restés dans les ailes, et se trouver encore assez longues pour effectuer le développement total de ses parties.

Lorsque l'animal n'est encore rempli qu'à moitié, on fait passer une des extrémités de ce fil-de-fer dans l'intérieur de la peau de l'aide droite, et on la fait entrer de force dans l'aileron ; on ploie alors la tige métallique dans le milieu, pour faire pénétrer de la même manière son autre extrémité dans l'aile gauche : on redresse ensuite le fil-de-fer qui doit alors croiser en ligne droite la colonne vertébrale artificielle ; on fixe cette tige transversale des ailes, avec la colonne vertébrale, en les nouant fortement ensemble avec du fil ou de la ficelle, dans le point de leur jonction. On continue ensuite à remplir l'oiseau, à le recoudre, à l'imprégner de liqueur amère, et, enfin, à le réparer, ainsi que nous l'avons expliqué à l'égard des autres oiseaux : on étend ensuite l'animal sur le dos, sur une planche mince d'un bois tendre ; on enfonce, de distance en distance, quelques épingles à travers les ailes, dans la planche, pour bien les maintenir pendant leur dessiccation, et puis on recouvre tout l'animal de morceaux de linges trempés dans la liqueur spiritueuse amère ; et pour bien maintenir les grandes plumes de la queue et celles des ailes, on pose dessus quelques plaques de plomb, après quoi on laisse sécher l'oiseau à l'ombre ; et lorsqu'il est bien sec, et qu'on veut le suspendre en l'air, on ôte les linges et les épingles ; et à l'aide d'une aiguille on fait passer un fil à travers la poitrine de l'oiseau : on fait un nœud au bout du fil pour le retenir sous les plumes, et on fait ensuite repasser l'aiguille par le dos, à travers le milieu du corps : on enlève alors l'aiguille, et on fait un nœud à l'autre bout du fil, ce qui forme une espèce d'anse de panier au-dessus du dos de l'animal. Cette anse sert à le suspendre où l'on veut. Si les ailes ne se soutiennent pas dans une position parfaitement horizontale, on peut rétablir l'équilibre, en collant une petite plaque de plomb sur l'aile qui auroit été entraînée par le poids de l'autre.

Un oiseau, ainsi préparé, peut être monté aussi sur un juchoir, ayant les ailes plus ou moins ouvertes. Il ne s'agit, pour cela, que de ployer la tige transversale dans les articulations des os des ailes, pour leur donner la forme et l'attitude que l'on désire.

Pâte gommeuse.

Coloquinte . . . . deux onces.
Gomme arabique . . . . quatre onces.
Amidon . . . . six onces.
Coton haché menu . . . une once.

On fait bouillir la coloquinte, découpée en petits morceaux, dans une livre d'eau; on passe la liqueur à travers un linge, et puis on y délaie l'amidon, ainsi que la gomme arabique en poudre; on fait cuire le tout sur un feu modéré, en le remuant continuellement; et lorsque le mélange forme une bouillie assez épaisse, on y jette le coton haché, et on agite bien le tout. Pour bien conserver cette pâte, on y ajoute sur la fin un peu d'eau-de-vie.

Manière de préparer les coléoptères et les hémiptères.

Si on veut conserver les insectes à étuis et à demi-étuis, c'est-à-dire les coléoptères et les hémiptères, dans toute leur beauté, et les rendre, étant montés, absolument semblables aux insectes vivans, il faut éviter de les piquer avec une épingle pour les fixer sur le chapeau, ainsi que le font la plupart des insectologistes, lorsqu'ils sont à la campagne. Non-seulement ces épingles font un très-mauvais effet, en ce qu'elles défigurent et mutilent les insectes, mais il arrive souvent que l'animal périt et se dessèche avant que celui qui veut le préparer soit de retour de sa chasse ; il contracte alors une mauvaise forme, ses pattes se recourbent sous le ventre, et on en casse souvent plusieurs lorsqu'on veut les mettre en place. Aussitôt donc qu'on se sera saisi d'un de ces insectes, il faut de suite l'enfermer dans un petit cornet de papier de soie, et tourner entre les doigts les deux extrémités du cornet, pour contenir l'animal, et lui ôter la faculté de se mouvoir ; on renferme ensuite le petit rouleau de papier contenant l'insecte dans une petite boîte de carton. On peut, de cette manière, rapporter d'une seule chasse un grand nombre d'insectes, sans qu'aucun puisse souffrir la plus petite altération, et il ne s'agit plus, lorsqu'on veut les monter, que de les sortir du papier l'un après l'autre.

La conservation des insectes tient essentiel-
lement à la soustraction de l'humeur visqueuse contenue dans le ventre de ces petits
animaux. Pour l'enlever assez complétement,
il faut saisir l'insecte entre le pouce et l'index
de la main gauche, lever les ailes écailleuses
et membraneuses au moyen d'une épingle, et
les soutenir ouvertes avec le doigt du milieu;
on ouvre ensuite le ventre par-dessus le dos
avec des ciseaux très-fins; on fait sortir,
à l'aide d'un petit crochet de fil-de-fer, tous
les intestins, et l'animal étant vidé, on plonge
dans la liqueur amère spiritueuse dont on a
donné la recette un très-petit pinceau qu'on
introduit dans le corps de l'animal; ce que
l'on réitère plusieurs fois, pour que tout l'intérieur soit bien pénétré de liqueur. On fixe
ensuite un peu de coton à l'extrémité de la
pointe d'une petite tige de fer, en la faisant
tourner entre les doigts de la main droite dans
le coton qu'on tient entre ceux de la main
gauche; et après avoir imprégné légèrement
ce petit tampon de coton attaché à la tige
de fer, d'huile de pétrole, on l'insinue dans
le corps de l'insecte, en tâchant de le faire
pénétrer jusque dans le corcelet, ce que l'on
continue de faire jusqu'à ce que l'animal soit
suffisamment rempli; on remet après cela les
ailes en place, et on travaille à monter l'insecte.

On emploie, pour monter les insectes, de
petits carrés de cartes à jouer, au milieu et à
travers lesquels on fait passer une petite tige
de fil-de-fer bien recuit, et de la grosseur

d'une corde de clavecin : on fixe ce fil-de-fer à la carte, en lui faisant faire en-dessous un crochet, reployé de manière que la tige se trouve dans une ligne perpendiculaire, et on assujettit ce crochet avec un petit morceau de papier que l'on colle à la carte avec un pain à cacheter. La carte étant ainsi disposée, on fait passer une aiguille très-fine à travers le corps de l'animal, le plus près du corcelet possible ; et après avoir mis, à l'aide d'un pinceau, une couche légère de solution de gomme arabique sur le fil-de-fer, on le fait pénétrer dans le trou qu'on a fait avec l'aiguille, et on l'enfonce de manière à ce que les pattes de l'animal se trouvent appuyées sur la carte ; on les arrange alors dans la position qu'elles doivent naturellement avoir au moyen d'un petit crochet de fil-de-fer, et on passe sur leurs extrémités un peu d'eau gommée pour les fixer sur le carton. On relève ensuite les barbillons et on étend les antennes, en faisant glisser dessous de petits rouleaux de carte ou de coton, et on laisse après cela sécher l'insecte ; et lorsqu'il est bien sec, on ôte les rouleaux, on coupe le fil-de-fer qui excède le corps, le plus près de lui possible, et on rogne avec des ciseaux les bords de la carte, sur laquelle est fixé l'animal, de manière à lui donner une forme ovale d'un diamètre proportionné à la grandeur de l'insecte monté.

Plusieurs insectologistes recommandent de passer une couche légère de vernis blanc à l'esprit-de-vin, à l'aide d'un pinceau, sur les insectes ; mais on a observé que le vernis altéroit beaucoup d'individus ; d'ailleurs, tous les insectes n'ont pas besoin d'être brillantés, et on peut employer, à l'égard de ceux que l'on veut rendre brillans, un peu de blanc-d'œuf que l'on fait mousser dans de l'eau, en l'agitant avec un petit balai.

OBSERVATIONS.

1º Si l'insecte qu'on veut monter est d'une grosse espèce, tels que les cerfs-volans, les biches, quelques scarabées, buprestes, capricornes, etc., la carte destinée à les soutenir doit porter deux petits fils-de-fer au lieu d'un ; mais un seulement doit passer au travers du corps de l'animal, et l'autre, en pénétrant dans le ventre, ne doit pas percer les ailes.

2º Lorsque l'insecte est très-petit, il n'est pas possible ni même nécessaire de le vider ; il suffit de faire passer, au moyen d'une fine aiguille, un fil imbibé de liqueur amère, dans toute la longueur de son corps, en commençant par la tête ; on coupe ensuite les deux bouts du fil avec des ciseaux.

3º Enfin, lorsqu'on veut maintenir les ailes d'un insecte étendues, c'est-à-dire lui donner la forme d'un insecte qui vole, il faut, au moyen de deux épingles, fixer le petit carton qui porte l'animal sur une feuille de liége, et soutenir les ailes écailleuses en l'air, en faisant passer dessous deux petites tiges de fer qu'on enfonce dans le liége : ces tiges doivent avoir la longueur que demande la hauteur des ailes ; on déploie ensuite les ailes membraneuses, et on les fait porter sur du coton pour les maintenir en place pendant la dessiccation ; mais alors, au lieu d'ouvrir le ventre de l'insecte par-dessus le dos, il faut pratiquer cette ouverture par-dessous et la faire la plus petite possible.

De la préparation des hémiptères.

Les hémiptères, ou insectes à demi-étui, se préparent de la même manière que les coléoptères ; mais comme leurs ailes écailleuses ne recouvrent qu'une partie du corps, il faut faire l'ouverture sous le ventre pour les vider, et bien rapprocher les bords quand l'insecte est rempli.

De la préparation des lépidoptères, ou insectes à ailes farineuses.

La plus belle section de la classe des insectes est sans contredit celle qui renferme les lépidoptères, ou insectes à ailes farineuses, que l'on nomme aussi vulgairement papillons : on distingue les lépidoptères en papillons de jour et en papillons de nuit ; les papillons de nuit se soudivisent en sphinx, en phalènes et en teignes. Rien n'est plus facile que de se procurer les papillons de jour, grâce au moyen que nous a fait connoître le célèbre Réaumur; il ne s'agit que de les aller chercher dès le matin dans les jardins, dans les plaines et dans les claires-voies des bois, et de les saisir au vol avec un petit filet, connu sous le nom de trouble, lequel est fait avec un cercle de fil-de-fer et de la gaze ou du nœud cousu autour, et que l'on attache au bout d'un bâton.

Lorsqu'on a abattu un papillon de jour, au moyen de la trouble, on presse entre les doigts légèrement son corcelet afin de l'étourdir, et puis on lui ferme les ailes; on le renferme ensuite dans un papier de soie ployé en triangle, et on le met dans une boîte de carton de même forme. On en fait entrer de même un très-grand nombre; après quoi on les prépare de la manière que nous allons indiquer.

Il faut observer qu'on ne peut employer la trouble ou filet à l'égard de tous les papillons de nuit, tels que certains sphinx et phalènes; on tenteroit vainement, lorsque le jour est tombé, d'aller, cet instrument à la main, pour se saisir de ces insectes, quand bien même ou emprunteroit le secours d'une lanterne; bientôt on seroit rebuté d'une chasse dont on retireroit si peu de fruit. Le meilleur moyen de se les procurer est de nourrir leurs larves, c'est-à-dire les chenilles qui doivent les produire, et que l'on rencontre assez communément partout. Voici les précautions que nous avons crues nécessaires pour bien réussir: Il faut avoir plusieurs boîtes carrées, de la hauteur d'environ un pied et demi sur huit pouces de largeur, auxquelles on enlève le fond pour en substituer un de canevas ou de toile de crin, monté sur un petit châssis que l'on attache à la boîte avec quelques clous d'épingles.

Le couvercle de la boîte doit s'ouvrir par charnière et se refermer facilement. On le perce de plusieurs petits trous pour faire circuler l'air dans la boîte : on attache dans le fond des côtés du couvercle et du canevas deux planchettes pour pouvoir retenir de la terre de jardin à la hauteur de trois à quatre pouces.

Cela étant ainsi disposé, quand on trouvera une chenille, on évitera, s'il est possible, de la toucher avec les doigts, dans la crainte de la blesser; on la rapportera sur la branche de la plante sur laquelle ou l'aura rencontrée; on introduira le bout de la branche dans le cou d'une fiole ou petit flacon plein d'eau, que l'on placera dans un des côtés de la boîte, ce qui entretiendra la fraîcheur de la plante, et fournira un aliment agréable aux larves.

Quand, au bout d'un certain temps, on s'apercevra que la plante est rongée, on prendra une autre branche que l'on introduira de même dans le cou d'une petite fiole remplie d'eau, et on la placera dans la boîte, à côté de l'autre. Quelque temps après, la chenille, attirée par l'appât d'un nouvel aliment, quittera celui qui commençoit à n'avoir plus tant d'attraits pour elle. C'est dans ce moment qu'il faut ôter la branche rongée, pour être à même de pouvoir en substituer alternativement de nouvelles jusqu'à l'époque de la métamorphose de la larve.

Certaines chenilles vivent en société, ce dont on s'assure quand on en trouve plusieurs sur la même plante. Celles de ce nombre peuvent être renfermées dans la même boîte.

Il n'en est pas de même à l'égard de quelques-unes qui se battent et se blessent lorsqu'elles se rencontrent. De ce nombre sont notamment les larves du cossu, de la queue fourchue et de presque tous les sphinx : il faut les renfermer seules dans de plus petites boîtes.

Les chenilles sont sujettes à des maladies : la plus commune, et en même temps celle qui en fait périr le plus grand nombre, est une espèce de diarrhée qui les rend foibles et languissantes. On remédie à cet inconvénient en leur donnant pendant quelques jours un aliment qui aura été un moment exposé au soleil, pour le priver d'un peu de son eau surabondante. Il est encore fort à propos d'examiner avec attention les chenilles que l'on veut élever, afin de s'assurer si elles n'auroient pas été blessées ou piquées par des ichneumons, ce qu'on remarquera aisément quand on s'apercevra qu'une chenille a quelques points ou taches qui ne sont pas parallèles. Dans ce cas, il faut les jeter; car vainement tenteroit-on de leur donner des soins, elles ne réussiroient jamais.

Le temps de la métamorphose arrivé, c'est-à-dire l'instant où les larves doivent se changer en chrysalides, il semble que chaque chenille soit avertie du moment où elle doit cesser de manger.

Vous voyez les unes occupées à se filer une coque, les autres à ronger le bois, le poil et les plumes, pour en employer les débris à construire leur loge; et d'autres, enfin, à chercher dans le sein de la terre un lieu commode pour subir ce changement. La marche de ces insectes, toute bizarre qu'elle nous paroît, doit être respectée par les curieux. Il n'est pas indifférent, pour la réussite des papillons, d'enlever les chrysalides de la place qui aura été choisie par la larve, pour les réunir sous un même point de vue.

Souvent, en les détachant des parois de la boîte, on casse la double enveloppe de terre que s'étoit pratiquée l'insecte, ce qui peut seul quelquefois empêcher la réussite.

Ceux qui ont proposé, pour faire éclore les papillons, d'exposer les chrysalides dans un air tiède, ne nous ont pas dit combien peu ils réussissoient de cette manière. Cela accélère, à la vérité, le moment de la naissance de celles qui ont pu échapper à cette épreuve; mais la plus grande partie périt, parce que cet air sec, venant à frapper sur les parois des coques, les dessèche et les durcit de telle sorte que souvent l'insecte est forcé de périr dans son enveloppe, n'ayant pu franchir l'obstacle qui s'opposoit à sa liberté. Il est donc plus avantageux de les laisser éclore dans le lieu de leurs métamorphoses. La seule précaution qu'il faut prendre à l'égard des boîtes est de les mettre à l'abri des injures de l'air, et de les soustraire à l'excessive rigueur du froid et du chaud.

Quoique le filet ou petite trouble, ainsi que la lanterne, ne soient pas des moyens suffisans pour se procurer tous les papillons de nuit, il ne faut cependant pas les négliger; car il arrive souvent qu'on prend, à cette chasse de nuit, de superbes insectes qu'on auroit beaucoup de peine à se procurer d'une autre manière.

On suspend la petite lanterne au bout d'un bâton fixé en terre, à quatre pieds de hauteur environ.

Comme la lumière que répand la lanterne attire les papillons de très-loin, et qu'ils viennent voltiger autour, on peut facilement les saisir avec la petite trouble.

Manière de monter les papillons.

Presque tous les papillons de jour, ainsi qu'un grand nombre de phalènes, ont le corps petit et allongé, ce qui fait qu'ils n'ont pas besoin d'être vidés; il suffit de leur faire passer à travers le corps, au moyen d'une longue aiguille fine, un fil imprégné de liqueur spiritueuse amère, en faisant entrer cette aiguille par la tête, et en la faisant sortir par l'extrémité du ventre : on coupe ensuite, avec des ciseaux, les deux bouts du fil.

Les papillons, ainsi préparés, se montent sur des cartes, dans le centre desquelles on a fixé une petite tige de fil-de-fer, de la manière que nous l'avons indiqué pour les coléoptères : on fait passer la tige de fer à travers le corcelet de l'animal, et on l'enfonce de manière à ce que les jambes de l'insecte puissent s'appuyer sur la carte, comme dans l'état naturel.

Si les jambes de l'insecte étoient mal tournées, ou reployées sous le ventre, comme cela arrive assez souvent, il faudroit les mettre en place, à l'aide d'un petit crochet de fil-de-fer. On relève ensuite les antennes, lorsqu'elles se trouvent trop basses, au moyen d'un peu de coton, et on peut les abaisser, si elles sont trop hautes, ou renversées sur le dos, en se servant d'un bouchon de liége coupé à la hauteur qu'on veut donner aux antennes ; on place ce petit morceau de liége tout près de la tête de l'insecte. On abaisse et on fait appuyer les antennes dessus, et on les y assujettit au moyen d'une petite lame de plomb dont on les recouvre.

On place ensuite sous les ailes, et tout près du corps de l'insecte, deux petits morceaux de liége d'un pouce environ de longueur, de sept à huit lignes de largeur, et d'une épaisseur proportionnée à l'élévation qu'on veut donner aux ailes, en observant que le côté du morceau de liége qui est posé près du corps de l'insecte soit moins épais que le côté extérieur, pour pouvoir donner aux ailes qui doivent s'appuyer dessus la forme d'un plan un peu incliné vers le corps. On abaisse ensuite les ailes à l'aide d'un stylet ; on les fait porter sur le liége, on pose par-dessus une petite lame de plomb pour les assujettir, et on les arrange avec la pointe du stylet, comme on désire qu'elles restent.

Les sphinx et les grosses phalènes demandent plus de précautions. Comme ils ont le ventre très-gros et rempli d'intestins et d'humeurs, il faut nécessairement les vider, en faisant, avec de fins ciseaux, une incision longitudinale sous le ventre, par laquelle on fait ensuite sortir tout ce qui est contenu dans cette partie, à l'aide d'un petit crochet de fil-de-fer ; après quoi il faut introduire, avec un petit stylet, dans le corps, du coton trempé dans la liqueur amère spiritueuse, en observant de n'en faire entrer qu'une petite quantité à la fois. Cela fait, on monte et on arrange ces insectes de la même manière que les papillons de jour.

OBSERVATIONS.

Comme la plupart des gros papillons ont la vie très-dure, car ils peuvent vivre encore plusieurs jours après avoir été vidés, il faut, après cette opération, les renfermer dans une petite boîte de fer-blanc bien close, et tenir quelque temps cette boîte plongée dans de l'eau bouillante pour les faire périr. Sans cette précaution, on courroit risque de les voir se gâter entièrement, par les battemens réitérés de leurs ailes contre la carte qui leur sert de soutien. Cette manière de faire périr assez promptement les papillons est bien préférable aux fumigations de soufre, qui altèrent presque toujours les insectes.

Les papillons ainsi préparés, on coupe des cartes avec des ciseaux, suivant les dimensions de leur corps, et on les place dans des cadres ou des tiroirs, et même dans des boîtes; si on veut les transporter, il ne s'agit que de les bien fixer tout près les uns des autres, en posant un peu d'empois sous la carte à laquelle ils sont attachés, etc.

La beauté de certaines larves ou chenilles a engagé plusieurs curieux à chercher les moyens de les conserver; voici la méthode qu'indique Mauduit : Il faut faire une courte incision à la peau de la chenille, vers l'anus; on presse ensuite légèrement le corps avec les doigts pour faire sortir les viscères, qu'on tire dehors avec une petite pince; et quand la peau est vidée, on la distend en soufflant dedans avec un chalumeau, après quoi on la remplit de sable, en la tenant suspendue la tête en bas; et lorsqu'elle est bien sèche, on fait écouler ce sable.

D'autres injectent la peau au moyen d'une petite seringue, avec un mélange, à parties égales, de cire et de graisse, suffisamment chaud pour être sous forme liquide. Mais nous prévenons que ces moyens ne réussissent bien que pour les chenilles couvertes de poils :

celles qui ont la peau lisse perdent leurs couleurs, et s'altèrent plus ou moins.

Il est une manière de conserver à jamais dans toute leur beauté les ailes des papillons, sans que les insectes puissent les attaquer ; la voici :

On peint le corps du papillon sur du vélin, que l'on découpe ensuite ; alors on colle, avec de la gomme, ce corps découpé, du côté peint, sur une glace ; on y colle les antennes faites avec des barbes de plumes. Cela fait, on détache les ailes du papillon, on les enduit légèrement de gomme avec un pinceau, et du beau côté, ce qui peut se faire sans en ôter la poussière, quand on passe le pinceau vite et légèrement. Ensuite, on met, dans une petite casserole à bec, de la cire vierge ; on met la casserole sur le feu, alors on y jette un peu de blanc de plomb et de térébenthine ; on remue toujours, sans quoi la cire jauniroit ; quand elle est bien fondue, on lève la casserole du fourneau, on en essuie le dessous avec un torchon, de manière à la bien nettoyer du noir de fumée ; ce petit nettoyage fait un peu refroidir la cire, ce qui est nécessaire, car il ne faut pas qu'elle soit bouillante, mais il faut cependant qu'elle soit coulante. Tout cela fait, on verse cette cire sur l'envers du papillon collé sur la glace, et de manière à le bien couvrir. On laisse refroidir, et, avec un couteau, on égalise la cire en raclant doucement, et n'en laissant que ce qu'il faut pour couvrir entièrement l'insecte. Ensuite, on colle un papier sur cette cire ; sur ce papier on met un carton, et on encadre cette glace, dont l'autre côté présente le papillon incorporé dans la glace, et posé sur un fond blanc, ce qui forme un charmant tableau. Quand le papillon est tout blanc, on peut donner à la cire la couleur qu'on veut. On peut aussi appliquer ainsi, sur la glace, des plantes, et même des cheveux, formant de jolis tableaux.

CHAPITRE X.

Bâtimens de la ferme.

On commence le bâtiment par la fouille des fondemens et de la cave. Ou creuse les fondemens plus profonds lorsqu'il y a des caves, et toujours jusqu'à la rencontre d'un terrain ferme, où il faut s'arrêter. Une maison ne sauroit être saine, si le sol n'en est élevé au moins de quelques pouces au-dessus du niveau des terres, par une couche de sable, de petits cailloux, ou de mâchefer.

Les caves les plus profondes, où l'air est tempéré, sont les meilleures ; elles ne sauroient avoir trop d'air par des soupiraux au nord : elles doivent être éloignées de tout cloaque, qui pourroit leur communiquer de la mauvaise odeur, et corrompre le vin.

On les garnit enfin de chantiers de cœur de chêne, équarris et portés sur des petits murs ou des bouts de chantier du même bois. L'air circulant partout, les bois, les tonneaux et le vin s'y conservent mieux. On a plus de facilité à tirer du vin, et les cercles des tonneaux se pourrissent moins.

La porte de la cave doit toujours être placée dans l'intérieur de la maison, elle est ordinairement sous l'escalier; elle aura trois pieds de large sur six de hauteur, les marches en seront droites et non tournantes, pour faciliter la descente des tonneaux ; il est bon qu'il y ait un repos ou palier au milieu de l'escalier, quand les caves sont profondes. Un caveau joignant la cave, couvert de sable frais, garni de planches et séparation, servira pour les vins en bouteilles.

Il faut, au logement du fermier, deux chambres à coucher par bas, un cabinet, une grande cuisine, pour apprêter ce qui est nécessaire et faire manger les domestiques, de petites chambres en haut pour les servantes ; les autres domestiques, pour la plupart, couchent au-dehors ou dans les écuries et étables.

La salle ou chambre à coucher, à côté de la cuisine, aura une porte vitrée sur la cuisine, pour voir ce qui s'y passe, et si elle communique à l'écurie, il y aura une petite fenêtre à côté du lit ; cette fenêtre sera à hauteur d'appui, évasée du côté de l'écurie, pour donner plus de clarté, en y plaçant une lampe qui éclairera toute la nuit. Il y aura un grillage du côté de l'écurie, un panneau de verre du côté de la maison, et un volet qui fermera hermétiquement.

Par ce moyen, on préviendra de grands accidens, que l'imprudence cause souvent, et le maître aura de la lumière à toute heure de nuit, en cas de besoin.

- La laiterie, le garde-manger ou office, et le fruitier, seront de l'autre côté de la cuisine.

La laiterie doit être voûtée et bien exposée, avoir une fenêtre au nord et une au midi, pour être fraîche en été et chaude en hiver. Ces fenêtres seront grillées en-dehors à petites mailles serrées, pour éloigner les animaux, quand on y donnera de l'air pour la sécher.

La laiterie doit être crépie, bien pavée et très-propre. Il régnera autour, si elle est petite, ou d'un côté seulement, quand elle est grande, une table en pierre de deux pieds de largeur, avec un ruisseau, pour faciliter l'écoulement des eaux des égouttures et lavages, qui se rendront par une gargouille dans la cour. On aura des coquilles de grandes moules d'étang bien lavées, pour écrémer, des brosses pour laver les cajots et les tourettes sur lesquelles on pose les fromages, et une barate pour battre le beurre : elles varient suivant les usages des différens pays. L'on aura un chasseron, ou cage d'osier, à deux étages, qui sera suspendue au milieu de la laiterie, pour commencer à y sécher les fromages, qui s'achèveront ensuite dans une chambre au-dessus de la laiterie, où ils seront à l'abri de la gelée, sinon on les mettra à la cave dans les grands froids. La personne qui aura soin du laitage doit être très-propre ;

elle ne sauroit trop souvent laver, balayer et nettoyer la laiterie de toute ordure, et veiller à ce qu'il n'y entre pas de vermine.

La fruiterie, si l'on en fait une particulière, sera voûtée et enfermée à demi en terre, à l'exposition du midi, sinon la cave y suppléera, pourvu qu'elle soit saine ou sans aucune humidité. On met plusieurs étages de planches autour et dans le milieu de la fruiterie ; on les borde de lattes, pour empêcher les fruits de tomber ; de petites échelles doubles, sur les échelons desquelles on pose en travers des échalas ou des planches, qui serviront pour y suspendre le raisin, ou poser les fruits : ces échelles, couvertes de raisin suspendu sur tous les échelons, sont commodes. On peut encore y faire disposer des corps de tiroirs ; ils sont préférables à des corps d'armoires, où on donne de l'air à trop de fruits. Les souris et les rats sont les ennemis des fruits : il faut multiplier dans le fruitier les piéges, et le visiter souvent.

Quelques-uns veulent que le fournil soit détaché du bâtiment, afin d'éviter le danger du feu ; mais le plus sûr préservatif de ce danger est la surveillance du maître. L'isolement des bâtimens entraîne toujours les plus grands inconvéniens. Pour que tout soit en sûreté, il faut que tout soit sous la main du fermier, et que son œil puisse pénétrer dans tous les coins et recoins de sa métairie. Cette surveillance, si utile aux intérêts du propriétaire, est encore un devoir aux yeux de la morale ; car les maîtres vigilans font les serviteurs fidèles, tandis qu'au contraire leur négligence et leur désordre corromproient toujours à la longue les meilleurs domestiques. Dans une maison bien conduite, il faut avoir soin, et sur-le-champ, de réprimer les petits abus, afin d'en prévenir d'énormes.

Il faut que le fournil soit spacieux, afin qu'on puisse y cuire le pain, faire la lessive et les autres ouvrages du ménage.

Le four sera proportionné à la quanté de gens à nourrir ; il sera toujours bas de chapelle et étroit d'entrée, afin qu'il s'échauffe plus aisément, et qu'il conserve sa chaleur : on ne lui donnera que quinze pouces de haut, de quelque diamètre qu'il soit. Il doit être isolé au moins de demi-pied d'un mur mitoyen avec le voisin. S'il avance en saillie hors du bâtiment, il faut absolument qu'il soit couvert en tuiles ; mais en général il faut qu'il soit en-dedans d'une pièce ; il se chauffe à moins de frais, et conserve mieux la chaleur.

Les greniers seront grands, en mansardes et lambrissés, afin de conserver le blé plus sèchement, et d'avoir la facilité de le remuer ; l'eau des pluies et des neiges, par ce moyen, n'y passera point. On ne laisse à cet effet aucune faîtière ou lucarne au-dessus des toits. Les fenêtres seront percées du côté du levant ou du nord ; on fera même encore, dans les murs du même côté, des trous carrés, dans lesquels on fait passer des tuyaux de fer-blanc, pour donner en tout temps du jour et de l'air aux grains ; ce qui est nécessaire, particuliè-rement au blé, pour le rafraîchir et le tenir sec ; dans ce cas, il faudra que les fenêtres soient fermées : toute ouverture au midi ou au couchant pourroit au contraire l'échauffer et le faire gâter. Les fenêtres doivent être garnies de grillages ou de claies d'osier, pour empêcher les moineaux d'y entrer, ainsi que les chats et les rats, quand elles sont ouvertes.

Les planchers des greniers enduits de plâtre vif, ferme, uni et barbouillé de sang de bœuf, pour les durcir, sont mieux que s'ils étoient carrelés, parce que le plâtre est moins froid l'hiver, et plus frais l'été, et que les carreaux, quelque bien joints qu'ils soient, re-cèlent toujours de la poussière entre les joints.

On place dans le grenier deux *trémies*, l'une dans le milieu, pour y passer le blé du grenier dans une chambre au-dessous, par un gros tuyau de fer-blanc percé de petits trous comme une râpe, le côté rude en-dedans, qui sert à épousseter le blé, lui faire jeter sa poussière et l'éclaircir. Il est plus beau qu'en le remuant à la pelle. L'autre trémie se met contre le mur, avec une boîte ou long tuyau de bois qui descend jusque dans la cour, pour faire couler le blé et l'avoine, où ces grains sont reçus dans le sac, ce qui épargne la peine de descendre les sacs sur le dos, et ménage le temps. Les greniers doivent être fermés à clef, et personne n'y doit entrer sans le maître.

On ne doit jamais placer de greniers à blé

sur les écuries et les étables, ni sur les escaliers et dans les endroits humides, parce que les grains se ressentiroient de la mauvaise odeur, et qu'ils ne s'y conserveroient pas ; ils sont mieux au haut de la maison, ou sur des hangards, l'air passant sous les planchers.

L'écurie sera visitée tous les jours, matin et soir, par le maître. Les écuries ne doivent être ni trop chaudes ni trop froides, deux extrémités contraires aux chevaux ; elles doivent être claires et sèches : sombres, ils sont exposés à perdre la vue ; humides, leurs pieds se perdent ; il faut que le plancher soit élevé, qu'il y ait des fenêtres au nord et au midi, pour leur donner du jour et de l'air, selon le temps. La place des chevaux, pour la rendre plus saine, doit être pavée, et élevée en pente de deux pouces, avec un ruisseau dans le bas, qui facilitera l'écoulement des eaux dans la cour ; l'écurie en sera plus saine et plus aisée à nettoyer ; il est à propos de la laver de temps en temps, cela purifie l'air.

Une écurie simple, c'est-à-dire qui n'a qu'un seul rang de chevaux, doit avoir seize pieds de largeur, chaque cheval occupant, sur cette largeur, la longueur de huit pieds et demi ; l'auge, quinze pouces de large sur un pied de profondeur ; le ruisseau distant d'un pied du sol relevé des chevaux. Le reste de la largeur de l'écurie sera occupé par les lits des charretiers ou des garçons de cour, et par les harnois suspendus à des pieux scellés dans le mur. La place de chaque cheval sera au moins de quatre pieds de largeur, afin qu'ils puissent tous se coucher et se relever facilement, sans s'incommoder et se blesser les uns les autres. On jugera, d'après cette mesure, de la longueur qu'on doit donner à l'écurie, suivant la quantité de chevaux.

On peut faire sur les écuries des greniers pour le foin et autres fourrages qui ne se gâtent point, comme feroient les grains.

L'étable à vaches pourra se trouver à côté de l'écurie. Les étables à un seul rang, comme les écuries, sont les plus commodes, pour attacher les vaches d'un côté et leurs veaux de l'autre, vis-à-vis de leur mère.

Les ânes s'y placent aussi : on ne pave pas ordinairement les étables ; on en fait même le sol plus bas que la cour ; les fumiers s'y préparent mieux, et l'on peut les laisser séjourner plus long-temps que dans les écuries ; on a soin seulement de les lever toutes les semaines.

Les bergeries seront, d'un côté au midi, et de l'autre au nord, avec des fenêtres des deux côtés, qui s'ouvrent et se ferment pour donner du jour et de l'air à propos aux moutons ou brebis, suivant la saison, comme on fait aux chevaux, en attendant que nous ayons l'habitude de faire parquer les bêtes à laine dehors, en tout temps, avec de simples hangards pour retraite, comme en Angleterre.

On commence au moins à revenir de l'abus de tenir ces animaux trop chaudement, trop enfermés, et presque étouffés sur leur fumier.

La mesure des bergeries ordinaires est de cinquante pieds de longueur sur vingt-cinq de largeur; elles peuvent contenir cinquante brebis avec leurs agneaux. L'on donne toujours en largeur à une bergerie la moitié de la longueur. Les planchers auront dix pieds de hauteur; on pratique même des trous dans les murs, qu'on bouche de paille, et qu'on ouvre pour donner plus ou moins d'air aux brebis, selon le temps, sans négliger des fenêtres au nord et au midi, avec des châssis en vitres, pour leur donner, en tout temps, de l'air et du jour qu'elles aiment beaucoup : il convient aussi de faire deux portes aux mêmes expositions, lesquelles sont coupées en deux sur leur hauteur, pour ouvrir le haut à volonté, sans que ces animaux puissent sortir qu'en ouvrant le bas. Les portes auront deux battans qui s'ouvriront au moment où les moutons rentreront ou sortiront : ces animaux se pressent si fort, qu'il arrive souveut des accidens, si les portes sont trop étroites. Trop de chaleur, le peu d'air et la malpropreté, sont la cause de toutes leurs maladies.

L'aire de la bergerie sera unie, sans pierres, avec de la pente, afin qu'il ne reste pas d'urine croupie, qui causeroit des maladies aux bêtes, et gâteroit leur laine; les fumiers doivent être levés tous les quinze jours.

La bergerie doit être garnie de râteliers, ou contre les murs dans tout le tour, ou dans le milieu; cette dernière façon est préférable, parce qu'en fermant les deux côtés avec des claies, on sépare les bêtes qu'on ne veut pas confondre avec les autres. Les râteliers, les auges doivent être construits avec des bois susceptibles de prendre le plus grand poli, autrement, le mouton qui s'y frotte se déchire et s'ébrèche. Le râtelier doit être stable, ferme, et placé à une hauteur horizontale avec le dos du mouton, qui alors ne sera pas forcé de lever ou de baisser la tête.

Le lit du berger doit être dans un des coins de la bergerie, et élevé de terre pour être placé plus sainement. Des claies, des fourches, des pelles, sont les meubles d'une bergerie.

Une bergerie ouverte est la plus saine qu'il soit possible de construire ; les moutons s'y portent mieux, et leur laine est beaucoup plus belle. On élève des murs de circonférence à la hauteur de quatre à cinq pieds, et on laisse une ouverture pour la porte, qui sera fermée par une barrière mobile ; sur ce mur on élèvera des piliers en bois ou en maçonnerie, de huit pieds de hauteur, qui serviront à porter une charpente recouverte en tuiles ou en chaume, dont le forget du toit débordera de deux pieds les murs, afin que les pluies n'entrent pas dans la bergerie, et que les eaux ne donnent pas d'humidité. Chaleur, humidité et malpropreté, sont les fléaux les plus redoutables pour les troupeaux.

Les *poulaillers* et *toits à porcs* seront de l'autre côté de la cour, les uns près des autres, auprès des étable ; mais le poulailler sera mieux à côté du fournil, pour être plus chaud ; il sera plus long que large.

La porte doit être du côté de l'orient, les murailles blanchies en dehors comme en dedans, tous les trous bien bouchés, la fenêtre grillée de façon que les rats et les belettes n'y puissent entrer ; il sera fermé à clef, et la petite coulisse pratiquée au bas de la porte, pour l'entrée et sortie des poules, sera close, pour en exclure les fouines qui pourroient y entrer pendant la nuit ; ce sont les plus grands ennemis de la volaille, et qui en font la plus grande destruction. On préfère les paniers suspendus autour du poulailler, pour y faire pondre les poules, quoiqu'ils soient un peu sujets à la vermine ; les niches pratiquées dans les murs sont trop fraîches, et les poules ne s'y plaisent pas. On scelle des pieux par échelons au-dessous de ces paniers, pour qu'elles y montent, et qu'ils leur servent de juchoirs la nuit, ce qui ne dispense pas de poser au fond un juchoir ou échelle double, où elles seront plus à l'aise, car il ne faut pas qu'elles couchent à terre. On met de la paille de temps en temps dans tout le poulailler pour recevoir leur fiente, qu'il faut nettoyer très-souvent.

Un second poulailler, très-peu éclairé, mais chaud, à côté du premier, est nécessaire pour mettre les couveuses à part : si on les mettoit dans le même poulailler, les autres poules les détourneroient en allant pondre à côté d'elles.

Les poules craignent le froid, la trop grande chaleur, l'humidité et les mauvaises odeurs ; elles aiment la propreté.

Il faut une loge à part pour les oies et les canards, qui couchent à terre sur un peu de paille, sans craindre l'humidité, ces animaux n'étant pas si délicats que les poules. On jette de temps en temps un peu de nouvelle paille clair-semée sur l'ancienne. L'entrée de leur loge doit être également fermée la nuit aux bêtes malfaisantes.

Les toits à porcs auront environ cinq à six pieds en carré ; il suffit même qu'un cochon, étant gros, ait de la place pour s'y retourner. Ils seront bien pavés, et les murs en bons moellons, pour empêcher les cochons d'y fouiller et de les abattre.

Dans les toits construits avec des pierrailles, on prend la précaution de revêtir les murs de douves de tonneaux posées sur le bout jusqu'à une certaine hauteur. Chaque toit sera garni d'une auge de pierre, avec un trou au mur au-dessus, en forme d'entonnoir, pour y verser la nourriture sans entrer dans le toit. On en fait de séparés pour le verrat et les truies ; le mâle les tourmenteroit, les feroit avorter et mangeroit les petits cochons.

Les granges, séparées, comme nous l'avons dit, des autres bâtimens et du principal corps-de-logis, à cause du feu, seront bien placées du côté de la porte d'entrée de la cour, et toujours en vue du maître, sur un terrain un peu élevé, à l'exposition du levant, comme la plus sèche. Une grange à blé ne suffit pas, il en faut pour l'avoine et autres menus grains et fourrages. Dans les grands domaines, l'aire de la grange est percée de deux portes vis-à-vis l'une de l'autre, afin que les charrettes entrent par l'une et sortent par l'autre. On peut se passer facilement de la multiplicité des granges, au moyen des meules qu'on fait dans les champs ; et une grange à blé, de quatre travées, peut suffire à un grand domaine, parce qu'à mesure qu'on bat et qu'on vide ces travées on fait rentrer une meule de gerbes pour la battre à son tour. Le grain se conserve même mieux dans les meules bien faites que dans les granges ; il y acquiert plus de qualité. La porte de la grange sera de la largeur de l'aire, pour donner du jour au batteur. Cette largeur est ordinairement de douze pieds, et les charrettes chargées de grains y entrent aisément. L'élévation de cette porte sera, pour cet effet, de même hauteur : on construit au-devant un porche de même grandeur, et l'on pratique au-dessus du porche une volière ou volet à pigeons, quand on n'a point de colombier à pied, dont on parlera tout à l'heure.

La façon de l'aire de la grange consiste à labourer le terrain à la pioche, de six pouces de profondeur : on le mêle avec un peu de terre rouge ou de terre glaise ; le tout étant délayé avec un peu d'eau et rendu bien uni, on laisse la place se ressuyer pendant quelques jours ; on la bat ensuite avec la batte du jardinier, à trois reprises, à quelque distance l'une de l'autre, et à mesure qu'elle sèche on l'arrose d'eau dans laquelle on a délayé de la fiente de vache ; on la bat tous les jours jusqu'à ce qu'elle soit tout-à-fait sèche, et on la couvre enfin de paille jonchée dessus, qu'on y laisse quelque temps, jusqu'à ce qu'on y batte du blé. Au-dessus de l'aire de la grange on fait un sinotage sur les poutres, pour y placer encore quelques fourrages.

De l'autre côté de la porte d'entrée de la cour, on placera les pressoirs, la vinée, le cellier et les hangards.

Il y a des pressoirs à vin, à verjus, à cidre et à huile.

Le pressoir, dans les pays vignobles, est occupé pendant toute la saison des vendanges ; mais c'est une pièce de dépense, dont les réparations sont coûteuses. On commet pour le conduire un homme qui, dans quelques endroits, se nomme le *prévôt*.

Le pressoir à cidre n'est composé que d'une grande auge ronde, de pierre, profonde de six pouces, sur laquelle tourne circulairement une grande large meule, aussi de pierre, posée sur champ, avec un trou dans le milieu ; on passe une barre emmanchée d'un bout dans un essieu posé au milieu de l'auge, et de l'autre bout, tiré avec un palonier par un cheval.

Le verjus s'écrase aussi sous la meule, et se porte ensuite au pressoir, comme les pommes, de même que les noix pour en tirer de l'huile, à moins qu'on n'ait une presse exprès.

Il doit y avoir, près du pressoir, une pièce qui s'appelle *vinée*, destinée à mettre les cuves et le vin, au sortir du pressoir, jusqu'à ce qu'il ait bouilli et qu'on l'ait bondonné; après quoi on le descend à la cave : on y conserve aussi les futailles vides et du bois à brûler, si l'on n'a pas de bûcher particulier. Il faut qu'il y ait deux portes, l'une de communication avec le pressoir, et l'autre extérieure, et une fenêtre pour y donner du jour.

Un *cellier* est nécessaire, à côté de la vinée, quand la cave ne suffit pas : on le fait un peu plus bas que le rez-de-chaussée. Les celliers voûtés, dont la fenêtre est au nord, conservent bien tout ce qu'on y met.

Les *remises* ou *hangards* ne sauroient être trop multipliés, pour mettre à l'abri les voitures et harnois, toutes sortes de bois, quelques fourrages, et aussi la volaille à couvert du mauvais temps et de l'oiseau de proie. Un hangar est commode pour y travailler pendant la pluie et les gelées, aiguiser des échalas, éliter des osiers, etc. On fait, au-dessus des hangards, des greniers très-bons pour conserver les grains, etc., ou pour mettre des fourrages.

Les *remises* pour les carrosses seront de dix pieds de hauteur, huit de largeur et vingt de profondeur, quand on veut mettre le timon à couvert. En le relevant, quatorze pieds suffisent. Les remises au nord sont les seules bonnes; au midi, tout sèche : les voitures et les harnois y périssent promptement.

Le *colombier* est nécessaire, et rapporte beaucoup quand il est bon : ceux à pied, où il y a de quoi loger des pigeons depuis le rez-de-chaussée jusqu'au toit, sont les plus profitables ; les autres ne sont que des volières sur quelqu'autre bâtiment. Il y a des colombiers où les pigeons se plaisent, et produisent beaucoup, d'autres où ils ne font rien, selon la situation, qui en est ordinairement la cause : ils sont placés communément au milieu, ou dans quelque coin de la basse-cour, mais toujours, autant qu'il est possible, éloignés des passages trop fréquentés. Les pigeons prennent l'épouvante au moindre bruit : toute chute d'eau, même trop bruyante, leur seroit contraire, comme aussi celle qui seroit trop crue pour leur boisson : les eaux pures, exposées au soleil, leur sont convenables. Il faut éloigner du colombier les grands arbres, qui, par leur agitation lorsqu'il fait du vent, épouvantent les pigeons, et facilitent à l'oiseau de proie de les guetter et de les prendre. Les colombiers éloignés de la maison, dans des lieux élevés et paisibles, en belle vue et au levant, sont ceux où les pigeons se plaisent et où ils produisent davantage : ils aiment aussi singulièrement la lavande; on fera bien d'en mettre dans le colombier.

Il y a des colombiers ronds en forme de tours; il en est de carrés; les ronds sont les plus commodes, à cause de l'échelle tournante qu'on y place, qui donne l'aisance de s'approcher de tous les nids, sans s'y appuyer, pour y prendre les pigeonneaux. Le colombier à pied se fait, pour l'ordinaire, de trois ou quatre toises de diamètre dans œuvre, et d'un quart en sus plus haut qu'il n'est large, c'est-à-dire de cinq toises de hauteur, s'il en a quatre de largeur. On donne aux fondemens la sixième partie de la hauteur et le double d'épaisseur du mur. L'aire sera bien battue en ciment, pour la rendre plus unie et donner plus de facilité à la nettoyer; les murs seront bien crépis et blancs en dehors et en dedans, ce qui plaît fort aux pigeons, et les attire même, comme aussi la propreté. La porte et la fenêtre au-dessus regarderont le midi ou le levant. Les pots de terre cuite, pour les nids ou boulins, sont ce qu'il y a de meilleur : la pierre est trop froide, le bois trop chaud, les paniers trop dispendieux, et sujets aux punaises. Ces pots doivent être grands, afin que les pigeons puissent s'y tenir debout, et alors les rats ne les peuvent percer. Pour qu'ils n'y puissent encore entrer, on élève le premier rang du bas à la hauteur de quatre pieds, et l'on scelle une planche au-dessus tout autour : on en attache de même une autre au-dessus du dernier rang d'en-haut, qui doit être distant de trois pieds du toit, pour les empêcher d'y descendre. On pose les pots en échiquier, les uns au-dessus des autres, et l'on scelle au-dessous de chacun une petite pierre plate excédante de quatre doigts, pour reposer les pigeons quand ils entrent et sortent, et lorsque le mauvais temps les empêche de sortir. On observera encore de faire, en construisant le colombier, deux ceintures de pierre excédantes au moins de quatre doigts, l'une au milieu de la hauteur, l'autre un peu au-dessous de la fenêtre et du toit, pour recevoir les pigeons lorsqu'ils reviennent.

La *mare*, pour abreuver les bestiaux et tous les animaux de la basse-cour, est une grande fosse ronde ou en carré long, un peu en pente dans quelque coin le plus bas, où se rendent toutes les eaux des pluies. Les terres seront soutenues à l'entour par un mur, ou coupées en talus et pente douce, si la place le permet : elle en sera d'un abord plus facile, et moins coûteuse. La mare doit être profonde, et elle conservera bien l'eau, si le fond en est de terre glaise ou de tuf. C'est un grand abus et la source de beaucoup de maladies, que d'abreuver les bestiaux dans des mares : l'eau y est presque toujours corrompue et pestilentielle. Ces eaux ne sont bonnes que pour les oies, les canards et les poules, encore celles-ci aiment-elles l'eau propre et fraîche.

Le puits doit être éloigné des retraits, des étables, des trous à fumier, et de tout cloaque, qui pourroient communiquer à l'eau un goût désagréable. En le creusant, quand on est parvenu à l'eau, on laisse au mur qu'on élève des trous à l'endroit des sources, afin qu'elles aient leur chute libre. L'eau se perd pendant quelque temps, jusqu'à ce que la terre entièrement pénétrée s'enfle, et le volume d'eau grossit; elle est trouble d'abord, et s'éclaircit peu après. Plus on tire de l'eau d'un puits, et plus elle devient légère. Pour l'entretenir toujours pure, il faut curer le puits une fois l'an, et n'y jeter rien de sale : il vaut mieux le laisser à découvert que de le couvrir; l'air subtilise l'eau, la rend plus pure et moins crue. Le puits ne doit pas être éloigné de la maison; il sera accompagné d'une grande auge de pierre pour y abreuver les bestiaux : on y placera même une pompe, ou au moins une poulie à cylindre. On ne sauroit prendre trop de précautions, dans les fermes, contre le danger du feu.

Dans les endroits fort élevés, où l'on manque d'eau pour boire, et où l'on ne sauroit creuser des puits très-profonds qu'à trop grands frais, on est obligé de construire une *citerne* ou réservoir, pour y recevoir toutes les eaux des toits. Une citerne profonde de deux toises, sur trois en tout sens dans œuvre, suffit pour les besoins d'une maison ordinaire. On l'entoure d'un double mur, à un pied et demi de distance l'un de l'autre, dont on remplit l'intervalle de terre glaise bien pétrie. Le fond doit être un massif en moellons de dix-huit pouces d'épaisseur, sur lequel on met un lit de terre glaise également pétrie, et de pareille épaisseur, avec un petit pavé de cailloux par-dessus, liés avec du sable de rivière, sans chaux ni ciment, et un peu en pente. On fait une voûte par-dessus le tout, au milieu de laquelle on laisse un trou pour tirer de l'eau, comme d'un puits, au moyen d'un mur qu'on élève et que l'on couvre d'une mardelle surmontée d'une poulie. Ce trou sert aussi à descendre dans la citerne, quand on veut la nettoyer. Le mortier des murs de ce bâtiment sera fait de bon ciment de tuileaux et chaux vive fraîchement éteinte. On leur donnera le temps de bien sécher, avant d'y mettre l'eau qu'on recueille des toits par des tuyaux ou des ruisseaux bien pavés, et qu'on y fait entrer par un trou percé dans le haut de la citerne, lequel est garni d'une crapaudine ou grille de fer assez serrée pour arrêter les ordures. C'est au printemps et en automne qu'il faut remplir la citerne ; l'eau en est meilleure que dans les autres saisons. On la nettoie tous les ans.

Le *trou à fumier* se fait devant les écuries et les étables, et s'étend, s'il se peut, du nord au midi, pour que la volaille profite des deux expositions selon les saisons. Les fumiers se façonnent mieux au nord ; au midi, ils se dessèchent. Mais quelquefois, après de grandes pluies, le trou à fumier se remplit d'eau, qui devient surabondante, et cette eau toujours puante, après avoir infecté quelquefois l'habitant de la ferme d'où elle sort, en s'écoulant, incommode encore plus sûrement le public. On empêche cette invasion malsaine, en faisant un puisard à l'endroit de la cour par où elle se décharge au-dehors. En pleine campagne, cette eau se décharge dans quelque mare ou fossé, dont on la retire en les curant de temps en temps pour servir à l'amendement des terres.

Le *puisard* est une espèce de puits, qu'on fait plus ou moins profond, selon la quantité d'eau qu'il doit recevoir. On lui donnera six pieds de profondeur et autant de largeur, ce qui sera suffisant pour y perdre les eaux d'un bâtiment particulier, d'une cuisine, d'une laiterie; et neuf à douze pieds de profondeur, et dix pieds de diamètre au fond réduit à six pieds par en haut, lorsqu'il doit recevoir les eaux d'une ravine, ou celles d'un trou à fumier dans des cas indispensables.

Il faut que la basse-cour soit parsemée d'arbres, de noisetiers surtout; les poules doivent y trouver de l'ombrage, de l'herbe et des orties fraîches. Le fermier doit avoir un potager pour les besoins de sa famille, et un petit jardin de fleurs pour son agrément; luxe permis, puisqu'il est offert par la nature; c'est surtout pour l'homme des champs que Dieu créa ces productions charmantes, qui, en embellissant son séjour, embaument l'air et le rendent plus sain. N'envions point à l'habitant des villes ces parfums enivrans et si peu salutaires, que l'art compose avec tant de soins et de dépenses. L'homme est obligé d'arracher à la terre le grain précieux qui le nourrit, mais la rose des bois croît pour lui sans culture; s'il ne peut assurer son existence que par le travail, du moins la nature fait tous les frais de ses plaisirs; elle les lui présente avec profusion, et ces plaisirs si purs ne lui coûtent point de recherches pénibles, et ne lui laissent ni repentir, ni regrets ; nulle réflexion triste et fâcheuse n'en peut corrompre la douceur....

Ici, Charles interrompit son père. « Cependant, dit-il, on peut goûter dans le monde quelques plaisirs sans amertume ? — J'aimois le monde quand j'y vivois, répondit Volnis ; mais je puis vous assurer, avec une parfaite vérité, que je n'y ai jamais goûté un seul plaisir qui ne m'ait fait naître une idée fâcheuse, ou qui ne m'ait laissé un souvenir désagréable. La bonne chère détruit la santé ; la conversation la plus aimable et la plus spirituelle des gens du monde est précisément celle dont la médisance et la malignité, sous les traits d'un gaîté piquante, font tout l'agrément. Dans un cercle brillant, les saillies qui plaisent et qu'on applaudit ne sont jamais que des censures et des épigrammes ; et qui pourroit ne pas se reprocher de tels succès, ou ne pas se repentir de les avoir procurés aux autres par son suffrage ? Les fêtes, les spectacles, portent au fond d'une âme élevée et sensible je ne sais quelle tristesse inquiète et vague, qui toujours en altère le charme, et qui souvent le détruit. Une réflexion rapide suffit pour en dissiper tout l'enchantement. Le plus noble de tous les amusemens des grandes cités est sans doute la représentation d'une belle tragédie ; mais peut-on voir sans une émotion toujours

pénible, et quelquefois sans le plus douloureux retour sur soi-même, ce développement
énergique des passions ? Quelle impression
mélancolique et profonde doit produire sur
l'imagination et sur le cœur ce tableau frappant et terrible, qui représente toujours la
vertu persécutée, l'audace du crime et toutes
les catastrophes du malheur !.... La comédie,
dont le vrai but est, non de *corriger en
riant*, mais d'amuser et de divertir, au risque même de corrompre les mœurs, la comédie est une mauvaise école de morale,
et sa gaîté, toujours maligne ou licencieuse,
n'a point de charme consolateur. Le rire
de la satire est amer : la gaîté n'épanouit
le cœur que lorsqu'elle est innocente. Il est
si vrai que tous les plaisirs du monde sont
factices et faux, qu'il n'en est pas un seul qui
ait jamais pu distraire d'un grand chagrin ; au
contraire, toute cette pompe, tous ces pres-
tiges des arts augmentent la mélancolie d'une
âme affligée. C'est aux champs, c'est à la
campagne que la douleur va se réfugier avec
espérance. Enfin, n'est-on pas troublé, du
moins quelquefois, dans la jouissance de
toutes les recherches du luxe, quand on
songe à tout ce qu'il en coûte à des milliers
d'hommes pour nous les procurer ! Les uns
condamnés à respirer toujours un air chargé
de vapeurs vénéneuses et suffoquantes (1);

(1) Les manufactures, telles que celle de Mont-
pellier, où l'on prépare le vert-de-gris pour différens usages dans les arts.

d'autres confinés dans les caves les plus humides, pour former ce tissu fragile, ce linon, léger vêtement des femmes; d'autres renfermés dans des fournaises ardentes, durant même les chaleurs les plus brûlantes de l'été, afin d'y faire dissoudre, au péril de leur vie, la matière qui produit les glaces dont nos salons sont ornés; d'autres plongés dans les mers, pour en arracher les perles; d'autres, plus infortunés encore, privés du spectacle de la nature, de la clarté des cieux, et précipités dans les entrailles de la terre, pour y chercher des diamans. Et ce tableau n'est point chargé, puisque je ne parle pas de l'esclavage affreux des nègres, et des barbaries atroces exercées contre eux. A la campagne, tout porte aux réflexions les plus douces et les plus salutaires; on se rapproche de Dieu, en se rapprochant de la nature, en contemplant ses ouvrages. Dans presque toutes les manufactures des grandes villes on ne voit que des malheureux ouvriers condamnés à consacrer tous les instans d'une existence si courte et si fragile à ne fabriquer que des superfluités, de brillantes bagatelles; mais dans les champs, dans les ateliers de la nature, on voit une classe d'hommes simples et laborieux, se chargeant seuls d'exécuter la sentence portée contre la race humaine; sentence à la fois équitable et paternelle, car elle ne prescrit que des travaux utiles, bienfaisans, et qui, loin d'affoiblir la santé, la rendent plus florissante et prolongent la vie.

Ici, le cultivateur travaille sans relâche, mais à l'air libre, à la face du ciel ; environné de toutes les richesses qu'il a forcé la terre de produire, il peut contempler comme des conquêtes ces heureux fruits de son industrie, et ces nombreux troupeaux, et tous ces animaux soumis à son joug. L'homme actif et laborieux n'est plus l'homme déchu ; du moins, tout retrace autour de lui sa noble origine ; il se ressaisit de son empire sur la création, il retrace dans les lieux qu'il habite l'image enchanteresse des jardins délicieux d'Eden !.... »

CHAPITRE XI.

Sur les animaux domestiques.

Nous avons donné tous les détails sur les bâtimens de la ferme, les écuries, étables, bergeries, etc. Pour compléter cet article, nous allons parler des animaux soumis à l'homme, de leur utilité, de leur emploi, de leurs productions, de leur nourriture, etc., et je commencerai par le cheval.

Friponneries de quelques marchands de chevaux.

Aussitôt que le maquignon a acheté un cheval, il tâche, le mieux qu'il peut, de corriger ou de cacher ses imperfections. Si le cheval est sans vigueur, il le frottera le matin, à midi et le soir, jusqu'à ce qu'il l'ait rendu sensible au point d'être toujours en action au moindre coup de fouet; si cela ne suffit pas pour rendre le cheval très-sensible, le maquignon, avec les deux premiers doigts de la main, lui relèvera la peau le long du ventre, et la percera d'outre en outre en deux ou trois endroits avec une alène; ensuite il frottera ces piqûres avec du verre finement pilé, en mettra dedans autant qu'il pourra, et rajustera proprement le poil par-dessus, ayant soin, pour guérir ces piqûres en moins de douze heures, de les frotter le soir d'un liniment fait avec de la térébenthine et du jaïet en poudre. Si le cheval est *courbatu ou foulé*, on le monte, on l'échauffe avant de le mettre en vente : tant qu'il aura chaud et qu'il marchera sur une terre molle, il sera difficile de découvrir l'imperfection de son pied. S'il a la corne ridée ou raboteuse, ou quelque surot, douleur ou autre mal visible aux jointures basses, on le montera dans la boue pour lui salir les jambes et cacher ces défauts; de même, pour en abattre les enflures, on le menera à l'eau ou on lui lavera les molettes des jambes avec de l'eau froide; s'il boite, on lui ôte le fer du côté boiteux, ou bien on lui coupe un peu de la peau du talon, et l'on proteste que le boitement ne vient que du manque du fer ou d'une légère atteinte au talon. S'il a des *molettes*, on les lui fait passer pour vingt-quatre heures; s'il est sujet à la morve, on arrêtera cette maladie pendant douze bonnes heures, en lui soufflant dans les narines une grande quantité de poudre sternutatoire, et en les frottant ensuite avec deux longues plumes trempées dans du jus d'ail ou dans de l'huile de laurier; après cela on nettoie les narines avec de l'eau tiède, on y jette une mixtion d'ail bien battu et de moutarde, qu'on y retient en bouchant bien les narines avec les mains, pour que le cheval éternue ensuite tant qu'il voudra. On arrête aussi la pousse pour quelque temps; on a aussi des artifices pour empêcher les chevaux qui sont vieux de laisser voir leurs dents. Il y a encore beaucoup d'autres tromperies, comme de teindre le poil, de faire des fausses queues, etc. Si le cheval a la bouche dure et sèche, on lui donne un mors rude, frotté de quelque drogue pour le faire écumer; par exemple, de miel, de sel, de staphisaigre. Pour qu'on ne s'aperçoive point qu'il s'appuie sur son mors, et pour qu'il paroisse léger à la main, on lui met dans les lèvres une petite chaînette qui est attachée à la bride et à la gourmette, si adroitement qu'à peine l'aperçoit-on. S'il a les oreilles longues, ils les coupent; si elles sont abaissées, ils les relèvent par le mouvement de la têtière, ou même ils les recoupent un peu et les recousent. Si le cheval est trop long, ils lui ap-

proprient une selle haute de siége ; la manière de ferrer déguise aussi beaucoup les
défauts du pied ; on dit même que les maquignons font manger de l'ivraie aux chevaux vicieux avant de les exposer en vente,
que cette nourriture les enivre et les rend
très-doux tant que l'effet peut durer. Enfin
les artifices du maquignonage surpassent en
finesse et en fécondité tous les artifices con-
nus ; jamais la coquetterie n'a inventé autant
de ruses pour se parer de beautés emprun-
tées, et pour cacher des défauts réels ou le
manque de jeunesse.

Outre toutes ces tromperies, et une infinité
d'autres, les jeunes gens doivent surtout se
méfier des flatteries des maquignons. Un honnête marchand de chevaux doit les engager
à consulter, sur le cheval qu'il propose, des
gens *désintéressés* et *expérimentés* (1) ; car
il est impossible, à moins d'une longue expérience, de se connoître parfaitement en chevaux ; aussi un fripon ne manque pas de dire
à un jeune homme que lorsqu'*on traite avec
lui de confiance*, c'est-à-dire sans consulter
personne et en s'en rapportant entièrement
à lui, il est incapable de tromper.

Tandis que le jeune homme examinera
très-superficiellement le cheval, le maquignon paroîtra surpris de la profondeur de ses
connoissances, et tout en se félicitant, au

---

(1) Et non un maréchal-ferrant, qui souvent
s'entend avec le vendeur.

fond de l'âme, de le voir bien sa dupe, il lui dira : *Ce n'est pas vous qu'on attraperoit.* Même étonnement lorsqu'il verra le jeune homme monter ce cheval ou le mener au cabriolet : il protestera qu'il en sait autant que lui, et il répétera que voilà justement le cheval qui lui convient ; qu'un cheval si parfait est seul digne d'un tel maître, et il ajoutera qu'à tout autre il ne le vendroit pas un tel prix. Comment ne pas s'empresser de conclure un si bon marché ? car voilà ce jeune homme persuadé qu'il a gagné le cœur de ce marchand de chevaux, qui est *le plus honnête et le meilleur homme du monde ;* et d'ailleurs n'est-il pas bien prouvé qu'on ne trouveroit pas dans tout le royaume un semblable cheval ? On se hâte donc d'acheter cinquante louis au moins ce merveilleux animal, qu'on aura bien de la peine à revendre douze ou quinze louis six mois après.

Il est une tromperie qui devroit être sévèrement punie dans les marchands de chevaux, c'est de vendre à des jeunes gens sans expérience des chevaux dont les vices peuvent exposer la vie de ceux qui les pansent ou qui les montent. Beaucoup de chevaux capricieux et vicieux, mais au fond indomptables, paroissent assez doux pendant plusieurs jours, et deviennent quinteux et intraitables une ou deux fois la semaine. Voilà les chevaux qu'un marchand ne peut vendre sans être véritablement coupable, lorsqu'il n'avertit pas de ces vices dangereux. Quelquefois ils croient se mettre à l'abri de tout reproche, en disant seulement que le *cheval est difficile*, mais que le jeune homme qui veut l'acheter monte si hardiment et si parfaitement, que lui seul pourra le conduire. Et voilà le jeune homme attaché au cheval par son vice même ; il ne sait pas qu'il y a une grande différence entre un cheval délicat, chatouilleux, et un cheval quinteux. Le premier demande en effet de l'habileté, et tout l'art de l'équitation ne peut rien sur le dernier. Mais le jeune homme qui n'a pas fait ces réflexions, et dont on a séduit l'amour-propre, monte ce mauvais cheval en s'enorgueillissant de la plus ridicule et de la plus folle témérité.

Il faut tout dire : un jeune homme se laisse tromper ; mais quand on ne le tromperoit pas, quand on lui vendroit un cheval excellent, il le gâteroit en peu de temps, 1° en le faisant aller trop vite ; 2° parce qu'on tue un cheval en lui faisant faire de grandes courses tous les jours, ou en le laissant attendre long-temps à la porte d'une maison, d'un spectacle, etc. ; 3° parce qu'un jeune homme de dix-huit ou dix-neuf ans n'est pas en état de surveiller et de guider le cocher ou le jockei qui prend soin de ses chevaux.

Ils apprendront encore à leurs dépens à se défier de leurs jockeis, qui, souvent mal à propos, cherchent à les dégoûter d'un che-vrl, pour les engager à le vendre ou à le troquer, parce que ces brocantages valent toujours quelques louis aux jockeis. Il faut être bien dépourvu de réflexion pour penser qu'on fera un troc avantageux avec un marchand de chevaux ! Mais quelles folies ne fait pas faire l'inexpérience, jointe à l'étourderie et à la présomption ! Beaucoup de jeunes gens montent leur cheval de cabriolet, ce qui auroit moins d'inconvénient s'ils ne le faisoient pas galopper ; mais, en général, ce double emploi ne vaut rien, et ne sert qu'à gâter un bon cheval de cabriolet.

Les jeunes gens qui, en cabriolet, se piquent d'aller ventre à terre, croient avoir le meilleur air du monde : ils se trompent ; car rien n'est plus vulgaire, c'est une manie presque universelle. Il est plus difficile de réduire à un train modéré un cheval jeune et vigoureux, et qui par conséquent a de l'ardeur, que de le laisser aller à bride abattue, train qui finit promptement par l'énerver et lui gâter la bouche. Un bon cocher ménage ses chevaux, et ne les fait jamais aller qu'un train raisonnable ; il modère les plus fringans, parce qu'il les maîtrise, et sa sagesse est toujours la preuve de ses connoissances et de son habileté. D'ailleurs, la seule humanité pourroit à cet égard donner de la prudence : on expose la vie des autres en exposant la sienne, et l'étourderie, dans ce cas, a quelque chose d'odieux et d'inexcusable.

Mais revenons aux marchands de chevaux. L'usage, en achetant des chevaux, est de convenir réciproquement de ce qu'on donnera aux domestiques ; ce que l'acheteur donne aux gens du vendeur doit être rendu par ce dernier à ceux de l'acheteur.

Les marchands doivent garantir leurs chevaux de pousse, morve, courbature, et d'être boiteux d'un vieux mal. Mais on ne peut les contraindre de reprendre leurs chevaux après neuf jours révolus. On a établi une règle à Paris, au marché aux chevaux, pour la sûreté des acquéreurs Au lieu de payer le cheval, on consigne l'argent entre les mains du juge du marché, jusqu'à la huitaine qu'on rend le cheval, s'il est défectueux, ou que le juge délivre l'argent au marchand, s'il n'y a point d'opposition. On est garanti par là de bien des tromperies, entre autres, d'acheter un cheval qui auroit été volé, et que le propriétaire peut reprendre partout où il le trouve. Il n'en est pas de même des chevaux qui se vendent dans les foires. Comme il faut tout prévoir, on doit, après avoir acheté un cheval, écrire le signalement de ce cheval, avec le plus minutieux détail, et garder cet écrit, parce que, si par la suite ce cheval étoit volé, le signalement seroit tout fait et beaucoup plus exactement que de mémoire, et l'on ne perdroit pas une minute pour le réclamer.

Gouvernement d'un cheval en voyage.

Pour maintenir un cheval sain en voyage, il faut, quelques jours avant de partir, le faire promener deux ou trois heures par jour, pour le préparer et le mettre en haleine ; il faut voir s'il ne manque rien à la selle, à la bride, et s'il est bien serré à son aise ; les premiers jours, on ne doit pas lui faire faire beaucoup de chemin, ni lui donner trop d'avoine ; mais quand il est en haleine, on peut faire de plus grandes journées, et augmenter aussi la nourriture ; ceux qui conduisent plusieurs chevaux font sept à huit lieues tout d'une traite sans débrider, et même ensuite jusqu'à dix, ayant soin, au bout de cinq lieues, de donner de l'avoine au cheval. Il arrive ainsi de bonne heure, se repose, et est en état de repartir le lendemain matin de très-bonne heure, évitant la chaleur la plus forte. C'est l'usage des militaires.

Dans la marche, passé huit ou neuf heures du matin, on peut laisser boire un cheval dans la première bonne eau, qui n'est point trop fraîche ni bourbeuse ; on peut même l'y faire entrer sans laisser tremper le ventre, et le mettre au petit trot en sortant ; on a soin de lui rompre l'eau en buvant, et de ne le pas trop couvrir ensuite, ce qui pourroit le faire devenir poussif ; et quoiqu'il ait chaud, pourvu qu'il ait encore un peu de chemin à faire. Quand un cheval gratte du pied dans l'eau, c'est qu'il n'a plus soif et qu'il veut se coucher ; il faut alors tenir la bride haute, le presser de l'éperon et le faire sortir. Quand on approche de l'endroit où on doit s'arrêter, il faut marcher plus doucement, afin que le cheval ne soit point échauffé en arrivant ; et en descendant, s'il a chaud, l'attacher au râtelier par la bride, lui lâcher les sangles, lui défaire le poitrail et la croupière, ensuite lui faire laver les pieds et les jambes jusqu'au-dessus des genoux et des jarrets, avec de l'eau fraîche, et ne lui point mouiller le ventre, pour ne lui pas causer de tranchées ; on le laisse ainsi se rafraîchir avant de le faire boire.

Lorsqu'un cheval a bien chaud, il faut le débrider et le déseller d'abord, lui abattre l'eau avec le couteau de chaleur, ou quelqu'autre à son défaut, le bien essuyer partout, et le couvrir en lui mettant de la paille sur le dos, sous la couverture, lui laver les jambes, comme nous l'avons dit, et lui jeter de la paille sous le ventre, pour l'obliger à uriner, ce qui le soulage. Quand il sera suffisamment ressuyé, et tout-à-fait sec, on le fera boire ; on l'amuse en attendant avec un peu de foin. S'il n'y a point de rivière ou de mare, et qu'on soit obligé de faire boire de l'eau de puits au cheval, on fait jeter dans le baquet une bonne poignée de son, et on remue l'eau avec la main ; si l'on pouvoit l'exposer une demi-heure au soleil avant de la lui donner, elle en vaudroit mieux. On aura soin de faire secouer le foin et faire vanner l'avoine qu'on lui préparera, afin d'en faire sortir la poussière ; quand un cheval se couche sitôt qu'il est arrivé, c'est signe qu'il ressent de la douleur aux pieds, soit pour les avoir naturellement foibles et douloureux, soit que le fer le blesse ; il faut alors voir sous ses pieds s'il n'y manque rien, ôter avec un couteau le gravier et la terre ; et s'il n'y a autre chose qu'un peu de chaleur, remplir la sole avec de la fiente de vache; cela ôte l'étonnement des pieds, lui rend la corne douce et liante, et lui fait grand bien : il faut aussi voir si le fer ne porte pas sur la sole, ce que l'on connoît, en le déferrant, lorsqu'il est plus poli en cet endroit ; en ce cas, on lui pare le pied afin qu'il puisse marcher plus à son aise, et soit en voyage, soit en séjour, il est bon de lui graisser les pieds de devant avec du beurre sans sel, de l'huile, de la graisse douce ou de l'onguent de pied, décrit au chapitre *des maladies*, ou, à son défaut, de la bouze de vache délayée avec un peu de vinaigre, pour lui rafraîchir le pied ; il est essentiel, après avoir débridé un cheval, avant que le mors soit sec, de le laver et de l'essuyer ensuite, ce qui le conserve propre, et empêche la crasse de s'y attacher; on visite en même temps la bride, et surtout les porte-mors, pour voir s'ils ne sont point pourris. On voit aussi si la selle ne blesse le cheval en aucun endroit, et, en ce cas, on ôte de la bourre à l'endroit où elle le foule, qui pourroit être enflé, ce qu'on remarque lorsque le cheval est refroidi, car souvent l'enflure ne paroît pas tant qu'il a chaud ; on frotte l'enflure avec de l'eau-de-vie et du savon dissous sur des cendres chaudes, remède simple et excellent; si les panneaux de la selle sont pleins de sueur, on les fait sécher au soleil ou au feu, et avant que de seller le cheval, on les bat avec une baguette, afin qu'ils ne se durcissent point ; si la croupière lui a entamé la queue, on fait coudre dans le culeron une grosse chandelle, si c'est en marche ; mais en séjour on poudre la plaie avec du charbon pilé, et qui la dessèche aussi ; les blessures causées par la selle, ou pour s'être mordus les uns les autres, ou ébréchés, se lavent avec de l'huile de noix et du vin rouge à froid, et continuant tous les jours deux fois, elles seront bientôt guéries ; on peut les couvrir avec de la filasse hachée menue, de peur des mouches ; l'eau d'arquebusade, ou vulnéraire, est excellente aussi pour toutes sortes de blessures et de plaies, de même que l'eau de boule ; si le cheval, la première et seconde journée, ne fait que tâtonner son avoine, on lui donne du son mouillé, pour ce repas ; au second, on lui en mêle avec de l'avoine, et on lui redonne enfin l'avoine toute seule. Aux chevaux qui perdent l'appétit et se dégoûtent d'avoine, on peut leur donner une once de thériaque délayée dans du vin rouge, ou attacher à leur mors, dans du linge, de l'assa-fetida. Quand on sort un cheval de l'écurie, ou de quelque endroit fermé, en le menant par la bride, on ne le regarde pas en face ; sinon il s'arrête quelquefois tout court, ou recule au lieu d'avancer.

Il faut avoir eu soin de lui faire mettre la selle long-temps avant que de partir, parce que la plupart de chevaux, quand ils sont sellés, se hâtent de manger. Aussitôt qu'on s'aperçoit d'une enclouûre, il faut, pour

empêcher que ce mal ne devienne de conséquence, et afin qu'il guérisse promptement,
après avoir fait déferrer le cheval, et avoir
nettoyé la blessure, lui arranger une chausse
au pied, dans laquelle on met des feuilles de
bouillon-blanc, battues avec deux ou trois
pincées de sel blanc, de préférence, et deux
cuillerées de bon vinaigre, et tenir l'écurie
nette, et non humide sous le pied; le lendemain le cheval sera en état de continuer le
voyage. Si un cheval a des tranchées, on délaie deux ou quatre charges de poudre à canon, selon sa taille ou corpulence, dans une
écuelle, avec une chopine de vin blanc, préférablement au rouge; on le lui fait avaler, il
est bientôt guéri. L'agaric de chêne, appli-
qué, comme aux hommes, sur la blessure
bien lavée, que l'on serre avec un bandage,
remédie dans l'instant aux hémorragies, qu'aucun autre remède ne pourroit arrêter; l'hémorragie arrive pour avoir eu une artère
coupée par quelqu'accident, comme d'avoir
marché ou d'être tombé sur des cailloux aigus
ou du verre; le cheval continue ensuite sa
route. Comme les pieds du cheval ont coutume d'enfler après une grande fatigue, quand
on est de retour d'un voyage, on lui déferre
les talons, en ôtant deux clous à chaque pied
de devant; on les remplit ensuite de fiente de
vache pendant deux jours, y ajoutant, si l'on
veut, un peu de vinaigre; après quoi on lui
pare les pieds; si c'est en été, on le mène à
l'eau matin et soir, on l'y laisse une demi-

heure chaque fois jusqu'aux genoux et aux jarrets ; rien ne raccommode mieux les jambes des chevaux.

Manière de harnacher, conduire et soigner les chevaux destinés au trait ou au labourage.

Il faut toujours que les chevaux soient ferrés comme il convient, et que généralement tous les harnois soient en bon état ; les selles, colliers, traits et brides, charrues, charrettes, tombereaux, seront visités soigneusement pour voir s'il n'y manque rien. On doit examiner tous les jours les pieds de chaque cheval, et voir s'il est bien ferré et en état de travailler ; si le fer ne l'incommode pas, soit qu'il soit mal ou vieux ferré ; si le fer ne déborde, s'il ne lui presse pas trop les talons, s'il ne foule pas la sole, et si les rivés ne lui blessent pas le côté des jambes ; les chevaux doivent être ferrés de neuf, ou du moins relevés tous les mois, ayant grand soin de leur faire parer les pieds, et de tenir les talons bien ouverts. Avant de mettre les colliers aux chevaux, il faut examiner si rien ne les peut blesser, soit au poitrail, soit aux épaules ou au garrot, et s'ils sont garnis de tout ce qui est nécessaire. Avant d'atteler à une charrette, on verra si la sellette qu'on met sur le dos ne peut pas causer quelques blessures, observant qu'elle porte partout également, qu'elle soit bien remplie de bourre dans les panneaux, de peur qu'elle ne porte trop sur le dos du cheval. Toutes les fois qu'il aura beaucoup sué, on fera sécher la sellette au soleil ou ailleurs, puis on la battra. On regardera de temps en temps dans la bouche des chevaux, pour voir s'ils ne l'ont pas échauffée, les barres offensées, des surdents, des dents de loup, les barbillons, le lampas. Il ne faut jamais presser les chevaux dans le commencement, mais les laisser mettre en haleine jusqu'à ce qu'ils s'échauffent à travailler, autrement ils n'ont pas d'appétit au retour, et cela peut les rendre fourbus ou gras-fondus. Les chevaux qui viennent de la charrue, ordinairement à onze heures du matin, ont coutume d'être en sueur; il ne faut pas manquer de les frotter avec un bouchon de paille, sans toucher aux jambes : comme après un fort travail ils ont les humeurs émues, ces frictions les feroient tomber sur leurs jambes, ce qui est capable de les rendre roides et inutiles; on leur prépare ensuite du son, qu'on mouille beaucoup, et qu'on met devant eux dans l'eau pour les faire barboter, et leur donner de l'appétit; le son leur rafraîchit la bouche, desséchée par la durée du travail, et la poudre dont elle est remplie : avec cette attention, quoique les chevaux aient chaud, il leur arrive rarement des incommodités, surtout lorsque l'eau dans laquelle on détrempe ce son est plutôt chaude que froide. Au soleil couché, quand les chevaux rentrent pour la seconde fois, et qu'ils sont attachés au râtelier, le premier soin doit être de lever les quatre pieds pour voir s'il ne manque rien aux fers, ôter en même temps, avec un couteau, la terre ou le gravier qui est dans le pied, entre le fer et la sole, et y mettre de la bouze de vache; la litière fraîche a la vertu d'obliger les chevaux à uriner dès qu'ils arrivent à l'écurie, ce qui leur fait grand bien.

On juge les chevaux par la conformation de leurs parties apparentes, la manière dont ils sont plantés sur leurs jambes, leurs yeux, leur âge, leur poil, le pays d'où ils viennent, et leurs allures.

Quand on achète un cheval, on l'examine d'abord dans l'écurie, pour voir, au premier coup-d'œil, si on le croit propre à l'usage qu'on en veut faire. Il faut le juger sévèrement, afin d'éviter de se laisser séduire par les discours du vendeur, et par la figure qui plaît, qui fascine souvent les yeux, et empêche d'examiner exactement toutes ses parties, dont il ne faut oublier aucune.

On voit, dans l'écurie, si le cheval se soulage tantôt sur un pied tantôt sur l'autre; s'il ne porte pas une jambe en avant, et s'il n'a pas les jambes de devant arquées, c'est-à-dire courbées, ce qui feroit connoître qu'elles sont fatiguées ou usées; enfin s'il ne les a pas trop en-dessous, ce qui marqueroit de la foiblesse, et qu'il seroit sujet à tomber; si le cheval n'est pas trop étroit des flancs; si son flanc, en respirant, a les mouvemens unis et doux, et s'il n'est point agité et inégal; s'il ne s'y fait pas comme une corde, depuis la cuisse jusque vers les côtés, ce qui dénote que le flanc est altéré, et le cheval poussif ; et s'il a, en outre, les narines ouvertes et tendues, on le jugera poussif outré.

En sortant le cheval de l'écurie, on l'arrête au jour, et l'on regarde ses *yeux* avec la plus grande attention, à plusieurs reprises, et dans toutes sortes de positions, mais surtout de travers et jamais en face ; s'ils sont vifs et clairs, ou transparens, et qu'on puisse voir dans le fond, la vitre étant sans nuage, ni tache, ni cercle blanc : si elle est aurore ou feuille-morte, le cheval est lunatique ; si les yeux sont tristes, bruns et troubles, ou d'un noir de charbon, ils ne valent rien, il est aveugle. La vue trouble, causée par la gourme ou par la pousse des dents, s'éclaircit à mesure que ces maladies passent. Le regard effronté est un bon signe.

Les chevaux sujets à perdre la vue plutôt que les autres sont les gris sales, les gris étourneau, ceux de fleur de pêcher et les rouans. L'œil pleurant est un mauvais signe.

Si c'est pour la selle qu'on achète le cheval, on examinera s'il a la tête petite, sèche et bien placée, les salières élevées ; ceux qui ont la tête grosse, chargée de chair, et les yeux petits, sont pesans à la main, lourds et paresseux. Si les salières sont enfoncées, c'est signe de vieillesse, ou que l'animal est engendré d'un vieux étalon.

Les *oreilles* doivent être petites, droites, hardies et bien placées en haut de la tête, et non pas basses et tombantes, ce qu'on appelle *orillards*, et que les maquignons déguisent, en relevant fort haut le frontal de la bride et du licol.

Que la *ganache*, ou intervalle des deux os de la gorge, qui forme, depuis le gosier jusqu'à la barbe, une espèce de canal, qu'on appelle *auge*, soit creuse et vide. La ganache glandée, ou remplie de glandes, menace d'une gourme prochaine les jeunes chevaux qui ne l'ont pas encore jetée, et les autres de fausse gourme, ou d'obstruction dans la tête. La glande adjacente est toujours un signe de morve.

Pour discerner si le cheval n'a pas la morve, la courte haleine, ou quelque autre mal interne, empoignez-le ferme au gosier, proche la racine de la langue, assez long-temps, jusqu'à ce qu'il ait toussé deux ou trois fois. S'il remue aussitôt les mâchoires, comme s'il mâchoit quelque chose, ce qui ne vient que de quelques vilenies qu'il a tirées en toussant, c'est une marque qu'il a eu la morve, ou quelque morfondure; s'il tousse comme s'il étoit enroué, c'est un signe de poumons gâtés; si les flancs redoublent et qu'il remue la queue, la respiration est embarrassée.

La *bouche* doit être médiocrement fendue, fraîche, et les lèvres minces; si la bouche est trop ou trop peu fendue, ce sont des défauts; si elle l'est trop, le mors porte trop haut, et hors de son appui, en force les coins; et les extrémités de l'embouchure, s'y trouvant pour ainsi dire noyées, les font froncer et roidir ; c'est ce que nous appelons *boire la bride; si* elle l'est trop peu, le cheval est petit mangeur, sujet à perdre son avoine, et se nourrit moins. Les barres, les gencives ou porte-mors, ne doivent être ni trop ronds ni trop aigus. Les premières ont l'appui trop ferme et insensible, lorsqu'elles sont échauffées par l'action du mors, ce qui fait qu'on ne peut alors retenir le cheval, et c'est ce que le vulgaire appelle *prendre le mors aux dents*, quoique le cheval ne le prenne jamais en effet. Les barres, au contraire, trop aiguës et trop sensibles, s'offensent aisément, et le cheval, au moindre mouvement, se cabre et se défend, ce qui souvent le fait croire ombrageux, quoiqu'il ne le soit pas. Aux *bouches trop sensibles*, il faut le mors plus gros et plus rond, pour offenser moins les barres; aux *insensibles*, il le faut plus menu, pour opérer plus d'effet.

La queue doit être bien garnie de poil, ferme, forte et sans mouvement, le tronçon gros, et placé ni trop haut ni trop bas, l'un et l'autre contribuant beaucoup à la difformité de la croupe.

En ouvrant la bouche du cheval, on connoît son *âge* aux dents ; et pour cela on prend l'une des branches de la bride avec la main gauche, on la hausse, et de la main droite on abaisse la mâchoire inférieure, ou bien on l'ouvre avec les doigts, si le cheval n'a point de bride. Nous dirons d'abord, en général, que les dents étant fermées, si les supérieures joignent exactement les inférieures, le cheval est jeune; mais si les unes avancent plus que les autres, il est vieux. Les gencives sèches, les lèvres livides, les dents longues, jaunes et raboteuses, les salières creuses au-dessous des yeux, et les sourcils blancs, sont toutes marques de vieillesse. Il faut savoir connoître l'âge des chevaux; il se connoît aux dents.

On divise les poils du cheval en *poils simples* et en *poils composés*. Les *poils simples* sont au nombre de huit; savoir : le noir, le bai, le bai châtain, le bai doré, le bai brun, le bai à miroir ou miroité, l'alezan et le poil blanc. Les *poils composés*, au nombre de vingt-un, savoir : le poil gris, le gris sale, le gris brun, le gris sanguin, le gris argenté, le gris pommelé, le gris tisonné ou charbonné, le gris tourdille, le gris étourneau, le gris truité ou le tigre, le gris de souris, le rouan ordinaire, le rouan vineux, le rouan cap ou cavessé de more, l'isabelle, le louvée ou poil de loup, le soupe de lait, le poil de cerf ou poil fauve, le pie, l'auber et le porcelaine.

Souvent et presque toujours il se trouve sur la robe du cheval diverses particularités ou accidens de couleur, qu'on nomme *marques*, telles que les *balzanes*, qui ne sont autres que les variétés blanches opposées au fond de la robe; les *étoiles*, qui sont des épis ou pelotes de poils blancs que les chevaux ont en tête; si l'étoile descend un peu, on l'appelle *étoile prolongée;* si le chanfrein est couvert de poils blancs, l'animal est dit *belle-face;* si la lèvre

antérieure est noyée dans le blanc , on dit
que le *cheval boit dans son blanc ;* si le bout
du nez est seulement taché d'une bande de
poils blancs fort étroite, cette bande est nom-
mée *lisse ;* enfin , les *épis* ne sont qu'une espèce de frisure naturelle des poils qui se relève
sur un poil couché.

On divise le corps du cheval en trois parties ; en *avant-main,* en *corps* proprement dit,
et en *arrière-main.* L'avant-main comprend
la tête , le col ou l'encolure, le garrot, le poitrail, les épaules , et les extrémités antérieures.
Le corps renferme le dos, les reins , les côtés,
le ventre , le flanc. L'*arrière-main* est composée de la croupe, des hanches, des fesses ,
du grasset, des cuisses, du jarret, des extrémités postérieures de la queue.

Les dents présentent les signes qui appren-
nent l'âge du cheval. Il faut d'abord savoir
que le poulain vient au monde avec douze
dents molaires, six à chaque mâchoire ; quinze
jours après, les mitoyennes paroissent, et les
coins, vers le quatrième mois ; à six mois, les
coins sont de niveau avec les mitoyennes , et
celles-ci beaucoup moins que les coins. Les
pinces et les mitoyennes s'usant, leur cavité
s'efface peu à peu, de manière qu'à un an on
observe un col à la dent, qui, d'autre part, se
trouve moins large. A dix-huit mois, les pinces sont pleines, le col de la dent est plus
sensible ; à deux ans, les pinces sont rasées et
d'un blanc clair de lait ; les mitoyennes sont
alors dans l'état où les pinces étoient à un an

et demi; et celles-ci restent dans cet état jusqu'à l'âge de deux ans et demi à trois ans qu'elles tombent, pour faire place aux pinces de cheval. A trois ans et demi quatre ans, les mitoyennes tombent aussi; et à quatre ans et demi cinq ans, les coins : alors on dit que le cheval n'a plus de dents de lait, qu'il a tout mis, et il perd le nom de poulain pour prendre celui de cheval. A cinq ans et demi, les pinces de la mâchoire postérieure sont remplies, la muraille des mitoyennes commence à s'user; la muraille interne des coins est presque égale à la muraille externe, et l'on observe une petite échancrure en-dedans; le crochet est aussi presque dehors. A six ans les pinces sont rasées, les mitoyennes sont dans l'état des pinces. A cinq ans, les coins sont égaux partout, et creux; leur muraille externe est un peu usée; les crochets sont entièrement sortis, ils sont pointus, et présentent une figure pyramidale, arrondie en-dehors et sillonnée en-dedans. A six ans et demi, les pinces sont entièrement rasées, les mitoyennes le sont plus qu'elles ne l'étoient, la muraille interne des coins est un peu usée, le crochet est un peu émoussé. A sept ans, les mitoyennes sont entièrement rasées, les coins sont remplis et le crochet plus usé. A sept ans et demi les coins sont remplis, et le crochet est usé d'un tiers de l'étendue des sillons qu'on y observe. A huit ans, les coins sont rasés entièrement et le crochet est arrondi. A huit ans et demi neuf ans, les pinces de la mâ-

choire antérieure rasent à leur tour. A neuf
ans et demi dix ans, les mitoyennes et les
coins n'ont plus de sillons. A dix ans et demi
onze ans, quelquefois douze, les coins sont
entièrement rasés. A treize ans, les pinces sont
moins larges, plus épaisses ; les crochets sont
totalement émoussés et arrondis. A quatorze
ans, les pinces sont triangulaires et plongent
en avant. A quinze ans jusqu'à vingt, les
dents plongent toujours davantage. A vingt
ans, les dents molaires sont usées et on y remarque trois racines. A vingt-un ans, les premières tombent, et ainsi successivement d'année en année; enfin les incisives tombent les
dernières : et ce n'est qu'à vingt-neuf ou trente
ans que les gencives et les alvéoles se rap-
prochent, deviennent tranchantes, et font l'office des dents, chez les chevaux qui passent
ce terme.

On distingue deux sortes d'allures dans le
cheval : les unes sont *naturelles*, les autres
artificielles.

Les *naturelles* sont le pas, le trot et le
galop; on en compte une quatrième qui est
l'amble; mais elle est défectueuse, et ne se
trouve que dans un petit nombre de chevaux.

Les *artificielles* sont le passage, la galo-
pade, la volte, le terre-à-terre, le mézair,
le piaffer, la pirouette, la pesade, la cour-
bette, la croupade, la balotade, la capricole
et le saut.

Comme le choix des chevaux dépend de
l'espèce de service qu'on veut en tirer, il faut,

avant l'achat, examiner soigneusement s'ils réunissent les qualités nécessaires à l'emploi auquel on les destine.

S'il s'agit d'un cheval de cavalerie, il doit avoir quatre pieds dix à onze pouces de hauteur, la bouche bonne et légère, la tête assurée, les hanches et les jambes musculeuses, le pied et la corne bonne, beaucoup d'allure, de la sensibilité à l'éperon, une action souple et douce, de l'obéissance, de la douceur, de la hardiesse, un estomac digérant facilement même le foin de basse qualité.

Les chevaux que l'on destine au labourage doivent avoir l'encolure un peu épaisse, les épaules musculeuses, le poitrail large, parce que plus il est large plus l'animal donne dans le collier; les jambes plates, le tendon détaché, le pied bien fait, le dos droit et court, la croupe étoffée, le genou et les jarrets souples et sains, la taille depuis quatre pieds dix pouces jusqu'à cinq pieds. La seule allure que l'on doive exiger, c'est le pas.

On sèvre les poulains à l'âge de six mois : un plus grand usage du lait les rend mous et flasques; d'ailleurs la jument, fatiguée d'avoir nourri plus long-temps, dépérit considérablement. Dans les premiers jours du sevrage, on doit diminuer la nourriture de la mère; pour lui faire passer son lait, on la met au régime avec de l'eau blanche, et à une diète plus ou moins sévère, selon la quantité du lait. On observera de la tenir bien chaudement. Quant aux poulains séparés de leur mère, on leur donne de la farine d'orge ou du petit lait toujours nouveau; car si cette boisson est aigrie, elle contracte des qualités malfaisantes. On observera de ne toucher les poulains que le moins possible, jusqu'à l'âge de deux ans; leur délicatesse en souffre : on a soin de les parquer dans des endroits où ils aient une nourriture saine; rentrés à l'écurie, on les laisse libres sans les attacher; leurs râteliers ne doivent pas être trop hauts, parce qu'alors ils contractent l'habitude de porter la tête trop relevée. Il faut les tenir proprement, le fumier leur gâte les pieds, et les exhalaisons qui en émanent sont malsaines. Si on peut les baigner dans une eau qui ne soit point trop froide, ils en seront plus gais, plus nerveux.

A deux ans il faut séparer les poulains d'avec les femelles.

Les fers n'étant faits que pour conserver la corne du sabot, et pour qu'elle n'éclate pas en marchant, il est absolument inutile de ferrer les poulains, tant qu'ils ne sont point soumis au travail; leurs pieds en liberté se renforcent, et on ne trouve la plupart des pieds défectueux que par une ferrure précoce, ou par les défauts de la ferrure. Ainsi, les poulains peuvent rester jusqu'à trois ans sans fers, c'est-à-dire jusqu'au temps où on commence à les dresser.

Enfin vient l'âge du travail. Cette époque varie, non-seulement selon les races, mais encore selon les différentes habitudes locales;

en général, les chevaux fins et de légère taille ne sont ordinairement formés qu'à cinq et six ans, tandis que les gros chevaux le sont à quatre; si on les accoutume au travail avant ce temps, leurs membres ne peuvent se fortifier, et contractent des défectuosités.

Voyons maintenant quels sont les alimens qui conviennent au cheval.

Le *foin* est la nourriture la plus universelle; sa bonne ou mauvaise qualité influe beaucoup sur sa santé et son embonpoint.

L'*avoine* donne de la force au cheval; la meilleure est celle qui est noire, pesante, luisante, bien nourrie et sans mélange de mauvaises graines.

La *paille*, et surtout celle du froment, est un bon aliment, lorsqu'elle est blanche, menue, fourrageuse, c'est-à-dire associée à de certaines plantes, telles que la gesse, la fumeterre, la perce-pierre, etc.

Le *son* lui forme un aliment très-rafraîchissant, et d'une facile digestion; on le présente au cheval sain ou malade, sec ou mouillé, suivant le cas.

L'*orge* en grains, pure, compacte, pesante et pleine; sa farine est, en quelque sorte, dénuée de la faculté de nourrir, et relâche, au contraire, le cheval.

La *luzerne* sert encore à la nourriture du cheval, mais son usage est dangereux; elle produit souvent des effets sinistres.

Le *sainfoin* ou *esparcette* n'est pas d'un

usage aussi périlleux ; c'est un aliment nour-
rissant et échauffant ; la ration , cependant,
ne doit pas être trop abondante.

Le *trèfle*, ou *triolet des prés*, est très-propre
à engraisser le cheval ; on le donne à l'é-
curie , sec ou vert ; il faut prendre garde
qu'il soit mouillé par la rosée ou la pluie ;
il fermente dans l'estomac des animaux , occasionne des indigestions et des tranchées
semblables à celles que donne la luzerne.

Le *grand trèfle de Hollande* est moins
succulent.

L'*orge en vert* est aussi utile aux jeunes
chevaux poussifs, morveux, ou qui sont vieux.
Il faut prendre garde de la donner après
que l'épi est sorti du fourreau ; elle provoque
la fourbure.

Pour la distribution des alimens , il faut
observer que le but qu'on se propose est de
maintenir le cheval en chair , de le rendre
capable de satisfaire au travail , et non de
lui donner un embonpoint surabondant. Il
faut donc que l'on consulte l'âge , le tempérament , les saisons et la taille , qui sont
autant d'objets à considérer pour la fixation
du régime.

L'*âge ;* parce qu'il ne convient pas de nourrir les poulains comme les chevaux faits , et
que ceux-ci doivent encore l'être différem-
ment que les chevaux vieux.

Le *tempérament ;* le cheval sanguin doit
être nourri modérément ; celui dont le sang
a une marche impétueuse, qui est colérique,

ne doit point avoir une nourriture échauffante; et les alimens substantiels conviennent au cheval triste et mélancolique.

La *taille ;* le cheval de selle a besoin de dix livres de foin et deux picotins d'avoine; le cheval de labour ou de charrette, vingt livres de foin, dix livres de paille et trois picotins d'avoine; trente livres de mélange de paille et de luzerne lui suffisent, mais alors il faut retrancher l'avoine dans le repos. L'excès des nourritures donne à cet animal la gale, les eaux, le farcin et la fourbure.

Quant à son breuvage, l'eau de rivière est bonne et salubre, pourvu qu'on n'y mène pas le cheval dans le temps le plus âpre de l'hiver, et qu'on ait l'attention, à son retour, d'avaler l'eau, c'est-à-dire de lui sécher les parties mouillées, et surtout les pieds. Dans l'hiver, il faut avoir soin de le faire boire aussitôt que l'eau est tirée, afin qu'elle ne puisse acquérir le degré de l'atmosphère. On obvie à cet inconvénient en y trempant les mains, ou en y mêlant du son, ou bien en l'agitant avec une poignée de foin. L'été, si on l'abreuve à l'écurie, il faut, au contraire, laisser à l'eau le temps de s'acclimater au degré relatif à la température; on ne doit jamais faire boire les chevaux quand ils sont échauffés; l'heure la plus convenable pour les abreuver est celle de huit ou neuf heures du matin, et de sept ou huit heures du soir; en été, on doit les faire boire trois fois le jour,

Passons au pansement de la main ; c'est un soin infiniment important à la conservation et à l'existence du cheval, dont les excrétions sont très-considérables sur toute la surface du corps. Le séjour de cette crasse, obstruant et bouchant tous les pores de la peau, prive de toute issue les liqueurs impures, et produit des maladies graves et dangereuses. Le pansement de la main est donc un soin que les cultivateurs ne doivent pas considérer comme indifférent ; il doit avoir lieu depuis la pointe des oreilles jusqu'à la queue, et depuis le garrot jusqu'au paturon.

On divise les maladies du cheval en *internes* et *externes*. Les maladies internes se divisent en inflammatoires, spasmodiques, évacuatoires, et en maladies de foiblesse et fébriles.

Les *maladies inflammatoires* sont le vertige, le mal de feu, le mal de tête, de contagion, l'étourdissement, l'esquinancie, la pleurésie, la péripneumonie, la courbature, la toux sèche, l'inflammation des intestins, et les coliques.

Les *maladies spasmodiques* sont les tétanons, le mal de cerf, la fourbure, le rhumatisme, la faim-valle, la crampe, le tremblement, l'épilepsie, la palpitation, le tic, l'ébrouement, et les différentes espèces de pousses.

Les *maladies évacuatoires* sont la bave, le larmoiement, les diabétes, la diarrhée, le

flux bilieux, la superpurgation, les gras-
fondures, l'hémorragie du nez, l'hémoptysie,
la dysenterie, la gourme, la morve, la pulmonie, etc., etc.

Les *maladies de foiblesse* sont la goutte
sereine, la surdité, le dégoût, la paralysie,
l'épuisement, la fortraiture et les affections
soporeuses, telles que l'assoupissement et l'a-
poplexie.

Les *maladies fébriles* sont la fièvre éphé-
mère, les fièvres continues, la fièvre inflammatoire, la fièvre maligne, la fièvre putride
et la fièvre lente.

Les *maladies externes* se divisent en maladies de l'avant-main, du tronc ou du corps,
ou de l'arrière-main.

Les *maladies de l'avant-main* sont la taupe,
l'enflure des paupières, la cataracte, la fluxion
lunatique, les aphthes, le chancre à la langue, la blessure des barres, le lampas, les
avives, le mal de garrot, le roux-vieux,
l'avant-cœur, l'écart, la loupe au coude,
l'enflure du genou, les molettes, le suros,
la malendre et la fourmilière.

Les *maladies du tronc ou du corps* sont
le durillon, l'effort des reins, la fracture
des côtes, la hernie ventrale, l'œdème sous
le ventre, la fistule, les dartres, la gale et
le farcin.

Les *maladies de l'arrière-main* sont l'effort
de la cuisse, le charbon musaraigne, l'effort
du grasset, l'effort du jarret, le vesignon,
le capelet, la courbe, l'éparvin, les jar-

dons, l'ankilose, l'enflure des jambes, les crevasses, la fonce, les maladies du pied, telles que la piqûre, l'enclouûre, la brûlure de la sole, la compression, l'oignon, la bleime, le clou de rue, l'encastelure, la seime, la valure, le javart, la cerise, le fic ou crapaud.

Symptômes généraux qui font connoître que le cheval est malade.

1° Le cheval est dégoûté et perd l'appétit;

2° Il est triste et porte la tête basse;

3° La langue sèche;

4° Le poil hérissé;

5° Le cheval ne fléchit pas les reins lorsqu'on le pince sur cet endroit;

6° La fiente sèche et par marrons plus détachés qu'à l'ordinaire, couverts quelquefois de glaires, qu'on prend souvent pour graisse, ce qu'on appelle gras-fondure;

7° L'urine de couleur rouge;

8° L'urine crue et claire comme l'eau pure;

9° Le cœur battant plus qu'à l'ordinaire;

10° Le battement trop foible du cœur et des artères;

11° Le cheval se lève, se couche, et ne peut trouver une position agréable;

12° Il regarde souvent son flanc, et plus souvent un côté que l'autre;

13° Quelquefois il jette une humeur jaunâtre par les narines;

14° Sa marche est chancelante;

15° La vue triste et abattue, etc.;

16° Difficulté d'uriner, dont on s'aperçoit dès que le cheval se présente pour uriner;

17° Le cheval est enflé, se tourmente et lâche des vents;

18° Battemens des flancs, et difficulté de respirer.

Symptômes dangereux.

1° Lorsque le cheval se tient foiblement sur ses jambes, hésite à se coucher, tombe comme une masse, et se relève de temps en temps;

2° La mousse sort de la bouche et des narines;

3° L'œil est tourné de façon que l'on voit beaucoup de blanc;

4° L'urine s'écoule goutte à goutte sans que le cheval se présente pour uriner;

5° Le cheval jette par le nez une matière sanguinolente, et quelquefois brune, comme une espèce de pus;

6° Un dévoiement qui ne fait rendre que des matières glaireuses et sanguinolentes;

7° Le cheval se lève et se relève en regardant ses reins;

8° Le cheval regarde fixement son flanc et sa poitrine, et a une grande difficulté de respirer. Remarquez que ces symptômes ne se rencontrent pas tous à la fois dans une seule maladie : ce sont des symptômes de différentes maladies, rassemblés ici pour apprendre à connoître l'état de maladie du cheval.

Maladies incurables.

1° Pierre dans les reins;
2° Hydropisie de poitrine;
3° Hydropisie de ventre postérieur;
4° Bézoards dans les intestins;
5° Estomac crevé;
6° Diaphragme crevé;
7° Mauvaise haleine;
8° Bouche mousseuse;
9° Pulmonie invétérée;
10° Mâchoire inférieure resserrée de façon qu'on ne peut l'ouvrir.

SYMPTÔMES DES MALADIES INCURABLES.

Symptômes de la pierre dans les reins.

Le cheval regarde son dos, plie les reins par la douleur qu'il y ressent, se couche et se lève à chaque instant, et pisse peu à la fois.

Symptômes de l'hydropisie de poitrine.

Le cheval se couche et se lève à chaque instant, tantôt d'un côté, tantôt de l'autre, et a une grande difficulté de respirer.

Symptômes de l'hydropisie de bas-ventre.

Les côtes sont en mouvement, comme si le cheval étoit poussif; le cheval a de la peine à respirer, parce que les eaux contenues dans la cavité du ventre font remonter le diaphragme, diminuent la capacité de la poitrine, et gênent les poumons. Le ventre est gonflé et tendu, le cheval ne sait de quel côté se tenir couché.

Symptômes de la hernie, ou étranglement des boyaux.

Le cheval se tourmente, se tient sur le dos étant couché.

Symptômes de l'estomac crevé.

Le cheval allonge le gosier, et jette par le nez les alimens.

Symptômes du bézoard dans les intestins.

Le cheval se tourne par intervalles et regarde son ventre de temps en temps.

Symptômes du diaphragme crevé.

Le ventre et la poitrine montent et s'élèvent en même temps, de façon que l'on croiroit que ces deux cavités n'en font qu'une.

Symptômes de la bouche mousseuse.

Il y a de grands battemens de flancs, les yeux sont pour l'ordinaire hagards.

Symptômes de la pulmonie invétérée.

Le cheval jette par le nez une matière sanguinolente, et quelquefois rousse et fluide.

Remèdes généraux qui conviennent assez communément dans toutes les maladies curables.

Retrancher le foin et la paille, mettre le cheval à l'eau blanche, c'est-à-dire à l'eau tiède, où l'on a fait bouillir du son ; saigner et donner des lavemens adoucissans, des breuvages faits avec les plantes émollientes, telles que la mauve, la guimauve, la pariétaire, la mercuriale, la branche-ursine, l'aigremoine, la laitue, etc. ; tenir chaudement et bien couvert.

De l'inflammation.

L'inflammation est un engorgement des vaisseaux sanguins, avec douleur, chaleur, tension, et quelquefois fièvre.

1º L'amas du sang dans les vaisseaux sanguins demande qu'on en diminue la quantité par des saignées et la diète.

2º La raréfaction demande qu'on apaise a chaleur et le mouvement du sang, par les tempérans et les rafraîchissans.

3º La tension des parties demande qu'on diminue par les relâchans.

4° L'arrêt du sang demande qu'on rétablisse la circulation par les discussifs et les atténuans. Il faut donc d'abord saigner et réitérer les saignées, suivant la violence du mal et la force du cheval.

Les saignées sont utiles dans les commencemens ; elles sont souvent nuisibles dans le déclin de la maladie, parce que la tension que les fibres ont soufferte, et les saignées précédentes, leur ont fait perdre leur ressort.

5° Il faut mettre le cheval à la diète blanche, ne lui donner presque point de foin, le tenir au son et à l'eau blanche, lui faire avaler des décoctions faites avec des plantes adoucissantes, comme les racines de mauve, guimauve, chicorée sauvage, les feuilles de bouillon-blanc, de branche-ursine, de pariétaire, de laitue, de mercuriale, d'oseille, etc.

Il ne faut pas oublier les lavemens faits avec les mêmes herbes, qui, en nettoyant les gros boyaux, font un bain intérieur et servent admirablement à diminuer l'inflammation.

Sur le déclin, on peut donner l'infusion des fleurs de mélilot, de camomille et de sureau, qui sont adoucissantes et un peu résolutives en même temps.

Si l'inflammation attaque les parties externes, il faut s'appliquer d'abord à détendre et à relâcher la partie enflammée, afin de rendre la souplesse aux vaisseaux et de favoriser par là la résolution. Pour cela il faut fomenter la partie avec les décoctions émollientes et relâchantes dont je viens de parler, ou bien y appliquer les cataplasmes avec le lait et la mie de pain, et les changer souvent, parce que la chaleur de la partie enflammée dessèche l'emplâtre et fait aigrir le lait, qui perd alors sa vertu adoucissante et devient irritant.

Il faut toujours éviter les emplâtres, les huiles et les graisses, parce qu'ils bouchent les pores de la peau, arrêtent la transpiration, augmentent la chaleur, favorisent la suppuration et s'opposent à la résolution.

Lorsque la résolution commence à se faire, ce qu'on connoît par la diminution des accidens, il faut la favoriser par quelque léger résolutif, comme l'emplâtre des quatre farines résolutives, bouillies dans du vin, ou avec la pulpe de racine de guimauve, arrosée d'un peu d'eau vulnéraire, en fomenter la partie avec un peu d'eau-de-vie camphrée, ou avec l'eau-de-vie et le savon.

Si, malgré tous ces remèdes, les accidens subsistent, et qu'on ne puisse pas procurer la résolution, il faut provoquer la suppuration, si l'inflammation est externe, par les emplâtres, les onguens et les remèdes convenables.

De la fièvre en général.

La fièvre consiste dans la fréquence des contractions du cœur et dans le dérangement des fonctions.

En général la fièvre demande la diète, parce qu'elle affoiblit l'estomac, altère les sucs digestifs et atténue les forces digestives.

1° Il faut tenir le cheval à l'eau blanche, lui retrancher le foin, la paille et l'avoine, lui faire boire l'eau de son, et l'inviter à se coucher par une bonne litière.

2° Il faut diminuer la quantité du sang, détendre et désemplir les vaisseaux par des saignées;

3° Modérer la chaleur et le mouvement du sang par les rafraîchissemens et les adoucissans; pour cet effet, on donne les décoctions faites avec les feuilles de mauve, guimauve, chicorée sauvage, laitue, pariétaire, graine de lin, etc.;

4° Tenir les gros boyaux nets, les humecter, les rafraîchir par les lavemens émolliens; mais il faut surtout s'appliquer à la curation de la maladie, qui est la cause de la fièvre.

Du vertigo.

C'est une maladie dans laquelle le cheval est comme étourdi, porte la tête de côté en avant; il la tient quelquefois dans l'auge, et l'appuie contre la muraille, de manière qu'il semble faire effort pour aller en avant; il a les yeux étincelans, il est chancelant de tous ses membres, se laisse tomber comme une masse, tourne les yeux de tous côtés, ne boit ni ne mange. Il y a lieu de croire qu'il a la vue trouble, puisqu'il se donne de la tête de côté et d'autre, et toujours en danger de se la casser.

Il faut faire d'abord les remèdes généraux, mettre le cheval à la boisson blanche, lui retrancher tout aliment solide et l'attacher de façon qu'il ne puisse pas se blesser la tête.

1° Les saignées doivent être promptes et copieuses, et faites surtout à l'arrière-main, c'est-à-dire au plat de la cuisse ou à la queue, pour déterminer le sang à se porter vers les parties de derrière, et par là dégager la tête.

On peut envelopper la tête de linges imbibés de décoctions émollientes. Il faut faire avaler abondamment de la décoction des plantes rafraîchissantes, pour délayer et détremper le sang, le rendre plus propre à circuler dans ses vaisseaux, et en même temps pour en diminuer la raréfaction, si elle est la cause de la maladie. Pour cet effet, on fait bouillir légèrement de la racine de nénuphar, des feuilles d'endive, de pourpier, de laitue, de chicorée sauvage, de bourrache, de buglose, de bouillon-blanc, de pariétaire, de mercuriale, de mauve, etc. On met cette décoction avec un peu de son ou un peu de farine d'orge, pour engager le cheval à la boire, ou bien on la lui fait avaler.

Il faut donner par jour un ou deux lavemens faits avec la même décoction; on peut les rendre purgatifs en y faisant dissoudre quatre onces de moelle de casse, afin de tenir le ventre libre, et d'évacuer les matières des gros boyaux, qui compriment les

vaisseaux sanguins, obligent le sang à se
porter en plus grande quantité vers le cerveau, et contribuent à l'engorgement.

Il est bon de faire deux sétons au cou,
afin de détourner une partie de l'humeur
qui cause la maladie. Pour faire ces sétons
on passe un ruban de fil dans une grande
aiguille plate et tranchante par l'autre extrémité, on soulève la peau, de peur de piquer
les parties qui sont dessous, ce qui causeroit
une inflammation ; on passe l'aiguille entre la
peau et le tissu cellulaire, observant de ne
pas blesser les membranes ou les muscles qui
sont dessous ; ensuite on fait une contre-
ouverture ; on tire l'aiguille et on laisse le
ruban dans la plaie ; on tire un peu chaque
jour le ruban, afin de le changer de place,
et on a soin de le graisser avec un peu de
basilicon ; on le laisse jusqu'à la fin de la
maladie ; lorsqu'on le retire, on ne fait que
bassiner l'ouverture avec un mélange de vin
et d'eau tiède.

Mal de cerf.

On donne ce nom à une maladie dans laquelle le cheval est roide de tous ou d'une
partie de ses membres, comme le cerf, lorsqu'il tombe de lassitude et de fatigue, après
avoir été vivement poursuivi à la chasse.

Il faut d'abord mettre le cheval à une
diète exacte, et faire usage des remèdes généraux, ensuite venir à la saignée, qui doit
être répétée suivant le besoin.

Il faut employer à peu près les mêmes remèdes que dans le vertigo; mais comme l'engorgement du cerveau est plus considérable que dans cette maladie, il faut plus insister sur les saignées.

Il faut faire avaler abondamment de la décoction délayante, humectante et rafraîchissante, dont j'ai parlé dans l'article précédent, afin de détremper le sang et de lui rendre la fluidité nécessaire pour le faire circuler librement dans les vaisseaux du cerveau, et pour apaiser en même temps sa raréfaction, si elle est la cause de l'engorgement. Les lavemens émolliens sont très-utiles; ils apaisent l'ardeur, le mouvement du sang, et diminuent la tension des fibres.

Après avoir administré ces remèdes, il faut faire quelques sétons pour détourner de ce côté une partie de l'humeur qui se porte à la tête.

Lorsque le cheval commence à guérir, il seroit bon de donner un purgatif pour nettoyer les premières voies, qui sont toujours chargées, dans ces maladies, d'un mauvais levain qui passe dans le sang et entretient le mal.

On peut donner en toute sûreté quelques lavemens purgatifs faits avec la décoction des plantes émollientes, dans laquelle on ajoutera quatre onces de pulpe de casse, avec trois grains de tartre stibié.

Du mal de feu ou mal d'Espagne.

On appelle ainsi une maladie dans laquelle le cheval a la tête basse, est toujours triste, ne se couche que rarement et s'éloigne toujours de la mangeoire, avec une fièvre considérable, qu'on reconnoît par le battement fréquent et la palpitation du cœur, qu'on sent en portant la main sur la poitrine, du côté de l'épaule ; on sent même quelquefois battre l'artère aorte en portant la main sur les reins. On donne presque toujours le nom de mal de feu à la fièvre.

L'engorgement des vaisseaux du cerveau demande qu'on le diminue par les saignées, les breuvages rafraîchissans, les lavemens émolliens ; mais il faut surtout s'attacher à guérir les maladies dont le mal de feu n'est qu'un symptôme. Ainsi, s'il y a fièvre, pleurésie, etc., il faut s'appliquer à guérir la fièvre et la pleurésie.

Il y a probablement plusieurs autres maladies dont la tête du cheval peut être attaquée ; je n'en parle pas, parce qu'elles sont peu connues.

De la gourme.

C'est l'écoulement d'une humeur, qui se fait ordinairement par le nez dans les jeunes chevaux. Elle est à ces animaux ce que la petite-vérole est aux hommes. On distingue la gourme bénigne, la gourme maligne, et la fausse gourme ; lorsque la gourme est bénigne, elle est salutaire et sans danger.

Dès qu'on s'aperçoit que la ganache est pleine, ce qu'on appelle ganache chargée, il faut mettre le cheval à l'eau blanche, lui retrancher le foin et l'avoine ; ensuite, le but qu'on doit se proposer étant de favoriser l'écoulement de l'humeur de la gourme, il faut d'abord saigner une ou deux fois. Ensuite, pour prévenir les accidens de l'inflammation, il faut tenir le cheval chaudement, le couvrir, envelopper la ganache avec une peau d'agneau et la fomenter avec la décoction des plantes émollientes, comme la mauve, guimauve, branche-ursine, bouillon-blanc, pariétaire ou graine de lin, etc.

Il faut faire bouillir du son ou de l'orge dans de l'eau, et en faire respirer la vapeur, en le mettant dans un sac qu'on attache à la tête.

On peut appliquer sous la ganache un cataplasme émollient. Ces remèdes détendent et relâchent les vaisseaux des glandes, favorisent par là l'écoulement de l'humeur qui engorge les glandes, et diminuent l'inflammation.

Si l'engorgement subsiste, qu'il se forme au milieu de la grosseur une pelote dure, et que la douleur soit vive, ce qu'on connoît par les mouvemens que le cheval fait lorsqu'on le touche, c'est une preuve que la suppuration se fait ; il faut la favoriser en frottant la tumeur avec quelque suppuratif, comme le basilicon, ou avec quelque graisse ou le beurre.

Lorsque la matière est venue à suppuration, ce qu'on reconnoît lorsqu'en appuyant le doigt sur la grosseur le pus fait une espèce de fluctuation, ou lorsqu'on sent une petite pointe blanchâtre saillante, il faut ouvrir l'abcès et ne pas toujours attendre qu'il perce de lui-même.

Il faut toujours un peu l'ouvrir dans l'endroit où l'abcès fait une pointe, et dans la partie la plus déclive, afin de donner issue à la matière.

Il faut presser les bords de la plaie pour exprimer le pus qui est enfermé, et mettre pour premier appareil des éponges sèches, sans les tamponner. Le lendemain on y introduit deux ou trois plumasseaux chargés de disgestifs faits avec la térébenthine et le jaune d'œuf. Il faut entretenir l'ouverture de la plaie jusqu'à ce que la matière se soit entièrement écoulée, ensuite la faire cicatriser en la bassinant avec du vin tiède, et y appliquant des étoupes sèches. De cette manière on parvient facilement à la guérison parfaite de la gourme bénigne, et on délivre le cheval d'un germe nuisible à sa santé, lorsqu'il ne sort pas entièrement de son corps.

Mais si on néglige de remédier à l'inflammation par ces remèdes, ou si, malgré ces remèdes, l'inflammation augmente et gagne l'arrière-bouche et le larynx, les accidens augmentent, les muscles de l'épiglotte et de la glotte s'enflamment, font resserrer l'entrée de l'air; de là la difficulté de respirer, et quelquefois la suffocation. Quelquefois l'inflammation gagne la trachée-artère, les bronches et même la substance du poumon; c'est ce qu'on appelle *gourme maligne.*

Comme il y a inflammation dans la gourme maligne, on sent bien qu'il faut mettre en usage tous les remèdes de l'inflammation, dont je viens de parler dans la curation de la gourme bénigne. Mais comme l'inflammation est plus considérable, et qu'elle attaque des parties essentielles à la vie, il faut employer ces remèdes plus promptement et avec plus d'attention : il faut saigner tout de suite, réitérer la saignée suivant le besoin; il n'y a point de remède plus efficace pour résoudre ou diminuer l'inflammation. Faites des fomentations émollientes sous le cou et la ganache ; faites respirer au cheval, pendant long-temps, la vapeur des décoctions des plantes mucilagineuses et adoucissantes, enveloppez le gosier avec le cataplasme de lait et de mie de pain, un jaune d'œuf et un peu de safran; faites boire tiède, retranchez tout aliment solide, donnez des lavemens émolliens, enfin employez tout ce qui peut détendre, relâcher, diminuer l'inflammation.

Lorsque le dépôt a percé, et que le pus s'écoule par le nez, il faut faire dans le nez des injections détersives, pour empêcher que les particules âcres du pus ne s'attachent à la membrane pituitaire, ne la corrodent, n'y forment des ulcères et ne produisent la morve.

Pour cela, il faut avoir une seringue d'une grandeur médiocre, dont la canule soit de bois, arrondie par le bout, la placer le long de la cloison du nez, et boucher l'autre narine, de peur que l'injection ne revienne ; de cette façon, l'injection est obligée de se porter sur le voile du palais ; elle lave et déterge les parties sur lesquelles le pus passe.

Cette injection se fait avec la décoction d'orge et de feuilles d'aigremoine, où l'on ajoute un peu de miel.

Mais si l'écoulement de la gourme n'est pas assez abondant pour chasser hors du corps tout le virus de la gourme, ce virus fermentera dans le sang, en viciera les humeurs qu'il contient, et formera un dépôt sur quelque partie, comme sur les glandes parotides, sur le poumon, ou sur quelques autres viscères ; c'est ce qu'on appelle *fausse gourme.*

Si ce dépôt, formé par un reste de virus de la gourme, n'attaque que des parties externes, il faut le traiter comme un abcès simple ; s'il attaque quelques viscères, il faut mettre en usage les remèdes généraux, et abandonner le reste à la nature.

De la morve.

C'est un écoulement de mucosité par le nez , avec inflammation ou ulcération de la membrane pituitaire.

La morve proprement dite se guérit assez souvent dans le commencement , lorsqu'on emploie les remèdes convenables.

La cause de la morve commençante étant l'inflammation des glandes et de la membrane pituitaire , il faut mettre en usage les remèdes de l'inflammation. Ainsi , dès qu'on trouve que le cheval est glandé , il faut le saigner, et répéter la saignée selon le besoin ; c'est le remède le plus efficace.

Il faut ensuite tâcher de détendre et de relâcher les vaisseaux , afin de leur rendre la souplesse nécessaire pour la circulation. Pour cet effet , il faut faire des injections dans le nez avec la décoction des plantes adoucissantes et relâchantes de mauve , guimauve , bouillon-blanc , branche-ursine , pariétaire , mercuriale , de fleur de mélilot , de camomille et de sureau.

Il faut faire respirer la vapeur de cette décoction, et surtout la vapeur de l'eau tiède, où l'on aura fait bouillir du son , ou de la farine de seigle ou d'orge.

Il faut retrancher le foin au cheval , et ne lui faire manger que du son chaud , mis dans un sac attaché à son cou.

Dans la morve confirmée , l'indication que

l'on a est de déterger les ulcères, de fondre les callosités, de faire suppurer ces ulcères, afin de les conduire ensuite à cicatrice.

La première indication demande les détersifs, afin de nettoyer les ulcères, de faire venir les bonnes chairs et de procurer la cicatrice. Pour cela, on injecte par le nez une décoction faite avec les feuilles d'aristoloche, de gentiane, de centaurée.

Lorsque l'écoulement change de couleur, et devient blanc, épais et d'une louable consistance, il faut injecter de l'eau d'orge, dans laquelle on fait dissoudre un peu de miel rosat.

Enfin, pour dessécher, il faut injecter l'eau seconde de chaux, afin de finir la guérison; mais comme cette injection a de la peine à pénétrer dans tous les sinus, en la poussant par le nez, on a imaginé un moyen de la porter sur toutes les parties, c'est le trépan; ce moyen est le plus sûr pour guérir la morve confirmée.

La seconde indication est de fondre les callosités des ulcères. Cette indication demanderoit les caustiques; les injections fortes et corrosives rempliroient cette intention, si on pouvoit les faire sur les parties malades seulement; mais comme elles arrosent les parties saines de même que les parties malades, elles irritent celles qui ne sont pas ulcérées, et augmentent le mal; de là l'impossibilité de guérir la morve par les caustiques.

Les fumigations sont un très-bon remède.

Pour faire recevoir ces fumigations, on a imaginé une boîte, dans laquelle on fait brûler du sucre, ou toute autre matière détersive ; la fumée de ces matières brûlées est portée au nez, par le moyen d'un tuyau long adapté à la boîte.

Dans la morve invétérée, où les ulcères sont en grand nombre, où les vaisseaux sont rongés, les os cariés, et la membrane pituitaire épaissie, on ne croit pas qu'il y ait du remède ; le meilleur parti est de tuer les chevaux, pour éviter les dépenses inutiles qu'on pourroit faire pour tenter leur guérison.

De la rage.

C'est une espèce de folie, ou de fureur sans fièvre, dans laquelle le cheval mord et ronge la mangeoire et ce qu'il rencontre ; il avance la tête pour mordre indistinctement toutes les personnes qui s'approchent de lui ; il ne connoît personne, il est toujours en mouvement lorsqu'il est seul, et frappe du pied ; ses yeux sont rouges et étincelans ; il mange peu et ne boit pas, il tire la langue et rend beaucoup d'écume. On distingue deux degrés dans cette maladie : la rage commençante, et la rage confirmée.

Il est inutile de tenter des remèdes pour la rage confirmée ; tous les soins doivent se borner à la prévenir ; pour cela il faut couper en rond la partie mordue, si elle est charnue ; il faut, en outre, y appliquer les caustiques et le feu, faire des scarifications, et exciter une suppuration abondante, afin de pousser tout le virus dehors.

Si la morsure est à une partie tendineuse ou membraneuse, il faut faire des scarifications à la peau, et appliquer dessus les ventouses, afin d'en tirer tout le virus.

Si ces remèdes ne réussissent pas, il faut abandonner le cheval et le faire tuer ; mais jusqu'à ce qu'on en vienne à cette extrémité, il faut toujours le tenir à l'écart, et ne jamais l'approcher qu'avec les précautions nécessaires pour éviter d'en être mordu.

CHAPITRE XII.

Du bœuf et de la vache.

La taille du bœuf et de la vache, prise en général, doit être de sept pieds et demi de longueur, depuis le bout du mufle jusqu'à l'anus ; quatre pieds un pouce de hauteur, prise à l'endroit des jambes de derrière ; la tête, depuis le bout des lèvres jusqu'au chignon, doit avoir un pied neuf pouces.

Le taureau doit être gros, bien fait et en bonne chair, ayant l'œil noir, le regard fixe, le front ouvert ; la tête courte, les cornes grosses, courtes et noires, les oreilles longues et velues ; le mufle grand, le nez court et droit, le cou charnu et gros, les épaules et le poitrail larges et charnus, la queue longue et bien garnie de poils, le fanon pendant jusque sur les genoux, l'allure ferme et sûre, le poil rouge, et de l'âge de trois ans jusqu'à neuf.

Le choix de la vache ne mérite pas moins d'attention que celui du taureau ; il faut, pour qu'elle puisse donner de belle race, qu'elle soit de quatre ans jusqu'à neuf, docile, forte, élevée dans les montagnes fertiles en pâturages, ou dans les plaines éloignées des eaux marécageuses ; que les os du bassin soient évasés, la tête ramassée, les yeux vifs, les cornes courtes et fortes, l'espace compris entre la dernière fausse côte et les os du bassin un peu long, le poitrail et les épaules charnus, les jambes grosses et tendineuses, la corne bonne, le poil rouge et uni.

La vache, devenue pleine, demande des soins et des précautions ; il faut la défendre des intempéries de l'air, telles que la pluie, le froid, les grandes chaleurs ; la faire peu travailler dans les pays où on la met à la charrue, l'empêcher de courir, de sauter les haies, les fossés, et ne lui donner aucun coup. Les pâturages gras lui conviennent. Deux mois avant l'accouchement, on augmente la nourriture ; il se fait ordinairement vers le commencement du dixième mois. On doit la séparer des autres vaches, lui donner une bonne litière, la garantir du froid ; un quart-d'heure après l'accouchement, lui donner de la farine de froment délayée dans l'eau commune ; la nourrir pendant huit jours avec du foin de bonne qualité, et lui donner pendant ce temps pour boisson de l'eau blanchie avec de la farine d'orge ; après cela, on la met par degrés à sa vie ordinaire.

Quant au veau, il faut le tenir chaudement et commodément ; il doit téter aussi souvent qu'il en est besoin, dans les premiers jours de sa naissance ; vers le sixième, on le sépare de la mère, dans la crainte de l'épuiser ; s'il doit être livré au boucher, on ne le laisse téter que trente ou quarante jours ; si au contraire il est destiné à la charrue, il doit téter pendant trois mois. Beaucoup de veaux meurent de coliques qu'ils éprouvent peu de temps après leur naissance ; souvent ils périssent au bout de peu d'heures qu'ils en sont attaqués.

Si les boissons et lavemens adoucissans, rafraîchissans, avec le son, le miel, le nitre, ne les guérissent pas promptement, il faut se hâter de leur faire prendre quelque laxatif, ou du laudanum, ou même encore les deux ensemble. Par exemple, il est à propos de leur faire prendre plein une cuillère à thé de laudanum, et ensuite environ trente grains de soufre, ou de sel de nitre en poudre, que l'on mêlera dans du lait ainsi que le laudanum. Le soufre ou sel de nitre sera retiré au bout de six heures ; ce qui se fera encore le jour suivant, si la colique subsiste, malgré l'usage répété des boissons et des lavemens.

Le premier hiver est le temps le plus dangereux de la vie du veau, et par conséquent celui où il demande plus de soins; on doit le sevrer par degrés; on lui donne en commençant du foin choisi ou de la bonne herbe, afin de l'accoutumer insensiblement à cette nourriture ; quand il mange c'est alors le moment de le séparer pour toujours de sa mère. Il ne doit rester au pâturage qu'une heure le matin, et autant le soir, lorsque les froids commencent à se faire sentir ; il faut le caresser, lui manier souvent les cornes, et principalement les pieds ; ne jamais l'irriter, le contrarier, ni lui donner des coups ; car l'expérience prouve que les mauvais traitemens rendent ces animaux vicieux et indociles.

Dans les pays pierreux et montagneux, quand on destine le bœuf à la charrette, on l'accoutume, à l'âge de deux ans et demi, à se laisser ferrer : il arrive souvent qu'il se soumet à cette opération dès la première fois; mais s'il est difficile, il faut le flatter, ne le jamais battre; car, en le maltraitant, on le rendroit furieux et indomptable.

A trois ans et demi on accoutume le jeune bœuf au joug, encore par la douceur, la patience et les caresses ; en lui donnant de temps en temps de l'orge bouillie, des fèves concassées et d'autres alimens semblables, dont il est très-friand; on l'attelle à la charrue avec un autre bœuf de même taille, et qui soit déjà dressé; on les conduit ensemble au pâturage, afin qu'ils se connoissent, et s'habituent à n'avoir que des mouvemens communs. Il faut prendre garde de se servir de l'aiguillon dans les premiers momens, dans la crainte de le rebuter et de le rendre indomptable. On le ménagera au travail, de peur qu'il ne se fatigue trop. Si le jeune bœuf est très-difficile à retenir, s'il est impétueux, s'il donne du pied, ou est sujet à heurter de ses cornes, tous ces défauts disparoissent en attachant l'animal bien ferme à l'étable, et en l'y laissant jeûner pendant quelque temps ; s'il est peureux, si la moindre chose l'effraie, le travail et l'âge, en diminuant la crainte, remédieront à ce vice ; s'il est décidément furieux, le moyen de le rendre docile est de l'attacher à une charrette, au milieu d'autres bœufs qui aient un pas lent, et de lui donner souvent de l'aiguillon.

La grosseur du pis ne constitue point la bonté d'une vache ; il y en a qui l'ont très-petit, et qui néanmoins donnent beaucoup de lait ; le pis n'est quelquefois gros que parce qu'il est charnu.

Dans les trois saisons où l'herbe est abondante, la traite des vaches se fait deux fois le jour, le matin et le soir ; en hiver, il suffit de la faire une fois seulement. La bonne façon de traire est de conduire la main depuis le haut du pis jusqu'en bas, sans interruption, ce qui produit une mousse haute dans le seau, au lieu qu'en pressant le pis comme par secousse, le beurre se sépare du lait.

Quand une vache donne peu de lait, c'est

souvent la faute des alimens qu'on lui donne :
il faut, dans ce cas, lui en donner de plus
succulens, tels que la bonne herbe, la paille
d'avoine, le foin, le trèfle, le sainfoin et la
luzerne ; par ce moyen on parvient à augmenter et à entretenir le lait.

C'est aussi souvent aux mauvais pâturages
que le lait doit sa mauvaise qualité. Si ce sont
des bas-fonds, des marais, le lait participe
du mauvais goût de ces herbages ; mais en
général, si l'herbe est douce et l'eau bonne,
le lait alors est excellent et toujours abondant.

Pour être bon, le lait doit être tel que,
lorsqu'on en prend une petite goutte, elle
conserve sa rondeur sans couler, et qu'elle soit
d'un beau blanc ; celui qui tire sur le jaune,
sur le bleu ou sur le rouge ne vaut rien : sa
saveur doit être douce, sans amertume, sans
âcreté, de bonne odeur ou sans odeur ; le
lait est meilleur en mai, en été, qu'en hiver,
et n'est parfaitement bon que quand la vache
est jeune et saine.

Pour connaître l'âge du bœuf et de la vache, on a recours aux dents incisives et aux
cornes. Les premières dents tombent à dix
mois, et sont remplacées par d'autres qui sont
moins blanches et plus larges ; à seize ou dix-
huit mois, les dents voisines de celles du
milieu tombent pour faire place à d'autres ;
toutes les dents de lait sont renouvelées à trois
ans ; elles sont pour lors égales, longues,
blanches, et deviennent par la suite inégales
et noires.

. Vers la quatrième année, il paroît une espèce de bourrelet vers la base de la corne; l'année suivante, ce bourrelet s'éloigne de la tête, poussé par un cylindre de corne qui se forme et qui se termine aussi par un autre bourrelet, et ainsi de suite; car, tant que l'animal vit, les cornes croissent, et tous les bourrelets qu'on observe sont autant d'anneaux qui indiquent le nombre des années, en commençant à compter trois ans par la pointe de la corne, et ensuite un an par chaque anneau. Il est bon aussi d'observer que les cornes du bœuf et de la vache deviennent plus grosses et plus longues que celles du taureau.

De l'âne et du mulet.

Il faut à l'âne peu de nourriture; il est assez inutile de la lui choisir : de l'herbe, et de temps en temps un peu de son lui suffisent; en hiver, un peu de paille et de foin; en été, le pâturage des champs. Il n'est délicat que pour son breuvage : il n'est pas maladif, et, ne se vautrant jamais dans la fange, il n'exige point qu'on l'étrille, et sait d'ailleurs lui-même faire sa toilette en se roulant sur le gazon.

L'ânesse porte onze mois, comme la jument. L'ânon tette sa mère pendant un an, sans la détourner de son travail.

L'âne est trois ou quatre ans à croître, et vit vingt-cinq ou trente ans, quand il n'a pas été trop fatigué. On connaît, comme au cheval, son âge à ses dents.

Le mulet, par son utilité, mérite aussi notre attention. Dans l'ordre de la nature, c'est un monstre : il est engendré par un âne et une jument ; ce sont les meilleurs, et rarement en voit-on qui viennent d'un cheval et d'une ânesse. Le mulet, comme bête de somme à porter la charge, est plus fort que le cheval ; la mule l'est moins.

Il tient de l'âne la bonté du pied et la sûreté de la jambe, et n'est pas plus sujet aux maladies. Celles qui lui arrivent se traitent comme les maladies des chevaux. Souvent il suffit, pour la perte de l'appétit et les tranchées, de lui donner des feuilles de choux rouges en petite quantité, de façon que l'eau n'en soit presque pas rougie en les faisant bouillir avec du son.

L'Espagne et la France fournissent de très-bons mulets ; on s'en sert pour porter de gros fardeaux et des bagages, surtout dans les montagnes et dans les voyages de long cours ; ils dépensent moins de nourriture que les chevaux.

Ces bêtes étant exposées à être très-chargées, il est essentiel de leur mettre les pieds à l'abri des accidens, et qu'ils soient à leur aise ; c'est pourquoi les fers de devant, qu'on appelle des planches, sont fort couverts ; ils n'ont qu'une ouverture au milieu, de l'épaisseur d'un écu, avec un espace ouvert entre le fer et la pince. Ces fers débordent beaucoup la pince, et sont très-élevés du devant, pour assurer le pied davantage, parce que les mulets ont le talon fort haut.

Le mulet et la mule sont stériles.

Des moutons.

Sous le nom de *moutons*, on comprend généralement les bêtes qui composent un troupeau ; mais il faut, cependant, distinguer le *bélier*, le *mouton* et la *brebis* ; le mâle de celle-ci est le *bélier*, et le *mouton* ne diffère de ce dernier que par la castration, opération qui l'empêche de produire.

Dans les bêtes à laine, les dents sont aussi des signes indicatifs de l'âge ; mais on ne peut consulter que les dents du devant de la mâchoire inférieure, la supérieure en étant dépourvue : elles sont au nombre de huit, et paroissent toutes dans la première année de l'animal, qui porte alors le nom d'*agneau*, *mâle* ou *femelle*. Ces dents ont peu de largeur et sont pointues.

Les deux du milieu tombent dans la seconde année, sont remplacées par de nouvelles, que l'on distingue aisément par leur largeur, qui surpasse de beaucoup celle des six autres ; durant cette seconde année, le bélier, la brebis et le mouton portent le nom d'*antenois* ou de *puîné*.

Dans la troisième année, deux autres dents pointues, une de chaque côté de celle du milieu, sont remplacées par deux larges dents, de manière qu'il y a quatre dents larges dans le milieu, et deux pointues de chaque côté.

Dans la quatrième année, les dents larges sont au nombre de six, et il ne reste que deux dents pointues ; elles sont remplacées par de larges dents.

Ainsi, dans les cinq premières années, on peut s'assurer de l'âge des bêtes à laine par ces huit dents ; on l'estime ensuite par l'état des dents mâchelières ; plus elles sont usées et rasées, plus l'animal est vieux ; enfin, les dents de devant tombent ou se cassent à l'âge de sept ou huit ans ; il y a des bêtes à laine qui perdent quelques dents de devant, dès l'âge de cinq ou six ans.

La taille des bêtes à laine varie suivant les différens pays ; elle se mesure depuis terre jusqu'au garrot. Il y a des races qui n'ont qu'un pied de hauteur, et ce sont les plus petites ; d'autres ont jusqu'à trois pieds huit pouces, et ce sont les plus grandes. Les races moyennes de toutes les bêtes à laine connues ont environ deux pieds quatre pouces de hauteur. Parmi celles de France, il n'y a que les bêtes à laine de Flandre qui aient plus de deux pieds quatre pouces ; parmi les autres races, la petite taille va depuis un pied jusqu'à dix-sept pouces ; la moyenne, depuis dix-huit pouces jusqu'à vingt-deux ; et la grande taille, depuis trois jusqu'à vingt-sept pouces.

Il est assez facile de distinguer la bonne

d'avec la mauvaise laine ; en en prenant un flocon, on doit sentir, au toucher seul, si elle est douce et moelleuse, ou rude ou sèche ; on peut encore en étendre une mèche avec les doigts, et en frottant légèremeut ces filamens, on connoît s'ils sont doux ou rudes : si, en tenant des deux mains des filamens de laine par les deux bouts, ils cassent au premier effort, c'est une preuve que la laine est foible ; plus ils résistent, plus la laine a de force. Pour savoir enfin si la laine est nerveuse ou molle, on en prend une poignée, et on la serre ; ensuite on ouvre la main ; alors, si la laine est nerveuse, elle se renfle autant qu'elle l'étoit avant d'avoir été comprimée dans la main ; au contraire, si la laine est molle, elle reste affaissée, ou se renfle peu.

On appelle *jarre* un poil mêlé avec la laine, qui en diffère beaucoup, car il est dur et luisant, n'en a pas la douceur, et ne prend aucune teinture dans les manufactures. Une laine *jarreuse* ne peut donc servir qu'à des ouvrages grossiers, et plus il y a de jarre dans la laine, moins elle a de valeur.

Voici quels sont les signes de la bonne ou mauvaise santé des bêtes à laine :

Quand on voit les parties de leur corps dégarnies de laine, que ces bêtes ont le regard triste, l'haleine mauvaise, les gencives et la veine pâles, point de doute que leur santé ne soit mauvaise. Quand, au contraire, elles portent la tête haute, qu'elles ont l'œil vif et bien ouvert, le front et le museau secs, les naseaux humides sans mucosité, l'haleine sans mauvaise odeur, la bouche nette et vermeille, tous les membres agiles, la laine fortement adhérente à la peau, qui doit être rouge, douce et souple, l'appétit bon, surtout la veine bonne et le jarret fort, alors elles sont en bonne santé.

Pour juger si la veine du monton est saine, on prend l'animal entre les jambes ; on empoigne la tête avec les deux mains, le pouce de la main droite relève la paupière du dessus de l'œil, et avec la main gauche on abaisse la paupière de dessous, alors on regarde les veines du blanc de l'œil ; si elles sont bien apparentes, d'un rouge vif, si les chairs qui sont au coin de l'œil, du côté du nez, sont d'une belle couleur rouge, c'est un signe de bonne santé.

Pour connoître si le jarret est bon, on saisit le mouton par l'une des jambes de derrière ; s'il fait de grands efforts pour retirer sa jambe, si l'on est obligé d'employer beaucoup de force pour la retenir, c'est une preuve que l'animal est fort et vigoureux.

Pour qu'un bélier soit bien dans les proportions de la nature, il faut qu'il ait la tête grosse, le nez camus, les naseaux courts et étroits, le front large, élevé et arrondi, les yeux noirs, grands et vifs, les oreilles grandes et couvertes de laine, l'encolure large, le corps élevé, gros et allongé, le râble large, le ventre grand, et la queue longue.

Les brebis bien constituées doivent avoir le corps grand, les épaules larges, les yeux gros, clairs et vifs, le cou gros et droit, le ventre grand, les tétines longues', les jambes menues et courtes, et la queue épaisse.

Quant aux moutons, il faut choisir ceux qui n'ont point de cornes, qui sont vigoureux, hardis et bien faits dans leur taille, qui ont de gros os et la laine douce, grasse, nette et bien frisée.

Les brebis portent environ cent cinquante jours, qui font à peu près cinq mois.

Lorsque la brebis a mis bas, on lui donne un peu d'eau blanche tiède, du son, de l'orge ou de l'avoine, et la meilleure nourriture de la saison ; on la laisse avec son agneau pendant quelques jours ; tant qu'elle allaite, il faut la bien nourrir. Le berger prendra garde si la mère lèche son agneau pour le sécher ; lorsqu'elle ne le fait pas, on répand un peu de sel en poudre sur l'agneau, et on l'approche de la mère, pour l'engager à le lécher par l'appât du sel ; quand la saison est humide ou froide, on peut aider la mère à sécher son agneau, en l'essuyant avec du foin ou du linge ; quand l'agneau ne cherche pas lui-même la mamelle pour téter, il faut l'en approcher et faire couler du lait dans sa gueule. Lorsqu'une brebis rebute son agneau, qu'elle l'empêche de téter et qu'elle le fuit, il faut la tenir en place, et lever une jambe de derrière pour mettre les mamelles à portée de l'agneau.

Ordinairement la brebis ne donne qu'un seul agneau, quelquefois deux, et très-rarement trois. Il est des races de brebis qui portent deux fois l'année; quoi qu'il en soit, si la brebis qui a mis bas deux agneaux est grasse, si ses mamelles sont grosses et bien remplies, si la saison commence à être bonne pour les pâturages, on peut laisser à la mère deux agneaux; mais si elle en a trois, il faut lui ôter le troisième, même le second, si elle est foible ou si la saison est mauvaise.

Pour faire venir du lait aux brebis qui n'en ont pas assez, on leur donne de l'avoine et de l'orge mêlées avec du son, des raves et des navets, des carottes, des salsifis, des pois cuits, des fèves cuites, des choux ou du lierre, etc.; on les mène aussi dans les meilleurs pâturages.

Quand les agneaux meurent, on trait les brebis; on le fait aussi lorsqu'on sèvre les agneaux : les bergers allemands sont dans l'usage de sevrer les agneaux à huit ou dix semaines, et traient les mères pendant toute l'année; ce lait peut servir au même usage que celui de vache; il rend moins de petit lait, est plus gras, plus agréable au goût, et a plus de parties propres au fromage; on en fait de très-bons et de très-recherchés; tels sont ceux de Roquefort.

Si la mère d'un agneau meurt, on donne son agneau à une brebis qui a perdu le sien, en le frottant contre l'agneau mort, pour que la mère prenne le change. Si on n'a pas de mère à lui donner, on lui fait boire du lait tiède de brebis, de chèvre ou de vache, d'abord par cuillerées, ensuite, au moyen d'un biberon dont le bec est garni d'un linge, afin qu'il puisse sucer ce linge comme le mamelon d'une brebis.

Quant aux agneaux qui ne viennent qu'en mai, il ne faut pas les garder ; ils sont trop foibles et trop petits ; on les engraisse pour les manger. Ce sont ordinairement les agneaux de jeunes brebis, ou les derniers que donnent les vieilles.

Pour engraisser les agneaux, on les garde à la bergerie, où ils tettent leur mère soir et matin, et pendant la nuit. Dans le jour, lorsque leurs mères sont aux champs, on leur fait tetter des marâtres, c'est-à-dire des brebis qui ont perdu leurs agneaux ; il faut mettre auprès d'eux une pierre de craie, pour qu'ils la lèchent ; cette craie les préserve du dévoiement auquel ils sont sujets, ce qui les empêcheroit de prendre de l'embonpoint.

Quelques cultivateurs ne sèvrent les agneaux qu'après la tonte des brebis ; mais cette méthode est remplie d'inconvéniens : les mères souvent sèvrent d'elles-mêmes leurs agneaux, lorsqu'elles manquent de lait ; quelquefois aussi les agneaux s'en dégoûtent, surtout lorsqu'ils ont de bons pâturages.

Lorsqu'on sèvre les agneaux, on les conduit par troupeaux de quarante, avec une vieille brebis qui les guide, dans les pâturages séparés du grand troupeau ; c'est ainsi qu'on leur fait oublier leurs mères, et que celles-ci à leur tour les oublient.

On a coutume de raccourcir la queue des agneaux pour empêcher qu'elle ne se charge de boue à l'extrémité; car il s'y forme des petites pelotes qui se durcissent et les frappent en courant, ce qui les anime au point qu'il est souvent difficile de les arrêter. On fait cette opération par un temps doux, lorsque l'agneau a un mois, six semaines ou deux mois; on coupe la queue à l'endroit d'une jointure, entre deux os, et l'on met des cendres sur la plaie. Si les cendres ne suffisoient pas seules, on les mêleroit avec du suif.

Il est bon aussi de couper la laine des fesses et de la queue, lorsqu'elle est chargée d'ordures, qui pourroient causer des démangeaisons et la gale.

Il y a différentes manières d'engraisser les moutons : 1° celle de les faire pâturer dans de bons herbages, c'est ce qu'on appelle l'engrais d'herbe; 2° celle des auges, qu'on appelle engrais de pouture; 3° celle qu'on commence par l'herbage, en automne, et qu'on finit ensuite à la pouture. L'engrais d'herbe, si les pâturages sont bons, peut se faire en deux ou trois mois, et conséquemment peut se renouveler trois fois pendant la belle saison. Il faut que le berger ait l'attention de laisser ses moutons paisibles, qu'il les mène doucement, qu'il prenne garde qu'ils ne s'échauffent, qu'il les fasse boire souvent, et qu'il veille à ce qu'ils n'aient pas le dévoiement.

L'engrais de pouture se fait pendant la mauvaise saison. On enferme les moutons dans une étable, et on ne les laisse sortir qu'à midi, pendant que l'on met de la nourriture dans leurs auges, et qu'on renouvelle la litière; le matin et le soir on leur donne à manger au râtelier, et même, pendant les nuits longues, on leur donne de bons fourrages et des grains, ou d'autres choses fort nourrissantes, suivant les productions du pays et le prix des denrées; car il faut prendre garde que les frais de l'engrais n'emportent le gain que l'on peut faire en vendant les moutons gras. La nourriture qui engraisse le plus tôt les moutons est l'avoine en grain mêlée avec la farine d'orge ou de son, ou avec les deux ensemble. On les engraisse encore avec des navets et des choux, mais ces derniers donnent un goût rance à la chair, qu'on corrige néanmoins en leur donnant une nourriture d'auge plus douce, telle que l'avoine, les pois, la farine d'orge, etc.

On peut engraisser les moutons à l'âge de deux ou trois ans; si on sacrifie tout pour avoir une chair tendre et de bon goût, on les engraisse de pouture. A trois ans, ils sont plus gros et prennent plus de graisse; à quatre ans, ils sont encore plus gros et deviennent plus gras, mais leur chair est moins tendre; à cinq ans, la chair est dure et sèche : cependant, si l'on veut avoir le produit des toisons et des fumiers, on attend encore plus tard, même jusqu'à dix ans, lorsqu'on est dans un pays où les moutons peuvent vivre jusqu'à cet âge; mais il faut les engraisser un an avant le temps où ils commenceroient à dépérir.

On connoît si un mouton est gras, en le tâtant à la queue, qui devient quelquefois grosse comme le poignet; on regarde aussi aux épaules et à la poitrine, et si l'on y sent de la graisse, c'est signe que les moutons sont bien gras. Les moutons qu'on a engraissés d'herbages ou de poutures ne vivroient pas plus de trois mois, quand même on ne les livreroit pas au boucher; l'eau, qui contribue à cet engrais, causeroit la maladie de la pourriture.

Les règles principales qu'un berger doit suivre pour faire paître ses moutons peuvent se réduire à sept : 1° les faire paître tous. les jours s'il est possible ; 2° ne pas les arrêter trop souvent en pâturant, excepté dans les pâturages clos; 3° empêcher qu'ils ne fassent du dommage dans les terres exposées au dé-gât ; 4° éviter les terrains humides et les her-bes chargées de rosée ou de gelées blan-ches; 5° mettre les moutons à l'ombre durant la plus grande ardeur du soleil, et les conduire, le matin, sur des coteaux exposés au couchant, et le soir sur ceux qui sont exposés au levant, autant qu'il est possible; 6° les conduire len-tement lorsqu'ils montent des collines.

On les fait paître tous les jours , parce que c'est la manière la moins coûteuse de nourrir les moutons, et qu'on n'y supplée qu'impar-faitement en leur donnant des fourrages au râtelier. D'ailleurs, en pâturant, ils choisis-sent leur nourriture à leur gré , et la prennent dans le meilleur état. L'herbe leur profite davantage que le foin et la paille. Quand même ils ne trouveroient que très-peu de chose dans les champs, l'exercice qu'ils prennent en marchant leur donne de l'appétit pour les fourrages secs. Cet exercice entretient leur vigueur, et leur allure naturelle est de vaguer de place en place.

On conçoit que si on ne les laisse pas paître avec autant de liberté dans les pâturages clos que dans les champs, c'est qu'ils gâteroient plus d'herbe avec les pieds qu'ils n'en brouteroient. Pour conserver l'herbe, on ne livre chaque jour au troupeau que ce qu'il peut consommer ; on le retient dans un parc, où il trouve assez d'herbe pour le nombre des moutons ; le lendemain on change le parc, et ainsi de suite.

Si l'on évite les terrains humides, la raison en est que l'humidité est contraire aux moutons, et que lorsqu'il y en a trop dans le sol qu'ils habitent ou qu'ils parcourent, ainsi que dans les herbes aqueuses que ces terrains produisent, il en résulte des maladies, telles que la maladie du foie, le gamer ou gamiche, ainsi que des coliques très-dangereuses. Les moutons attendent ordinairement que la rosée blanche soit dissipée avant que de pâturer. En effet, les bêtes à laine pâturent avec moins d'appétit quand l'herbe est mouillée, excepté quand la pluie arrive après une grande sécheresse ; cette humectation rend l'herbe plus douce et plus appétissante.

On doit surtout avoir attention, lorsque la chaleur est trop forte, de ne pas les faire entrer en trop grand nombre dans une étable fermée ; ils pourroient y périr, suffoqués par l'air qu'ils auroient échauffé et infecté par la vapeur de leur corps et leur transpiration pulmonaire.

On peut les faire sortir par la neige pour les promener et les faire boire ; mais lorsque les vents sont trop grands, les pluies trop abondantes, les orages forts, il ne faut les faire sortir qu'après que les tourmentes, les orages et les pluies ont cessé ; on saisit à cet effet le soir et le matin, l'instant le plus favorable.

Il faut les éloigner avec autant de soin des herbes nuisibles par elles-mêmes, que des herbes de bonne qualité, sur lesquelles ils se jettent avec avidité, et qui peuvent leur faire beaucoup de mal dans certaines circonstances.

Les bonnes herbes qui peuvent faire du mal aux moutons sont les trèfles, la luzerne, le froment, le seigle, l'orge, le coquelicot ; toutes les herbes aqueuses, telles que celles des regains, celles qui sont dans les sillons humides, et celles qui sont à l'ombre des bois ; toutes ces herbes font du mal aux moutons, lorsqu'étant en trop grande quantité dans la panse elles la font enfler, occasionnent des coliques qu'on nomme enflure, fourbure, gonflement du ventre, etc.

Il faut mener le troupeau lentement, parce qu'en le conduisant trop vite, surtout en montant des collines, on risque d'échauffer les moutons, de les rendre malades, et même de les faire périr. Le berger doit empêcher qu'aucune bête ne s'écarte du troupeau en allant trop en avant, en restant en arrière, ou en s'éloignant à droite ou à gauche. Toutes ces précautions sont essentielles, et peuvent s'exécuter à l'aide des chiens, du fouet et de la houlette. Quand il a trouvé un herbage convenable, où la pâture est bonne, il doit y rester avec ses chiens, et y amuser son troupeau, en jouant de quelque instrument que les bêtes à laine se plaisent à entendre; elles paissent toujours tranquillement quand le berger joue du flageolet.

Les terrains les plus élevés, les plus en pente, les plus légers et les plus secs, sont les meilleurs pour le pâturage des moutons.

Les meilleures herbes sont celles qui ont déjà pris de l'accroissement, qui approchent de la floraison, ou qui commencent à fleurir; les herbes trop jeunes ne sont pas si bonnes, elles n'ont pas été mûries par l'air et le soleil, elles sont trop aqueuses, trop crues; celles qui ont pris tout leur accroissement, qui portent graine, ou qui sont trop vieilles, n'ont plus assez de sucs et sont trop dures; les herbes qui résistent à la gelée, et qui sont presque aussi fraîches dans le fort de l'hiver que dans la bonne saison, peuvent servir de pâturage pour l'hiver, telles sont la pinprenelle et le pastel.

Quand l'herbe des pâturages manque, il faut avoir recours aux fourrages secs; mais les meilleurs font dépérir les moutons, et surtout les brebis pleines, et celles qui allaitent leurs agneaux.

On peut corriger ces mauvais effets, ou du moins on les tempère infiniment , en donnant quelques nourritures fraîches , au moins une fois dans la journée. Celles qu'on peut se procurer dans la mauvaise saison sont le colzat, les choux de boutures, les choux cavaliers et les choux frangés ; ces plantes résistent à la gelée ; on peut en cueillir les feuilles que la neige laisse à découvert. Outre celles que nous venons d'indiquer, on peut également recourir aux racines de carottes, de panais , de salsifis , de chervis , aux raves , aux navets , aux pommes-de-terre, aux topinambours.

On leur donne encore des grains , des graines et des légumes ; les *grains*, tels que l'avoine , l'orge et le son de froment ; une poignée d'avoine ou d'orge, donnée chaque jour, préserve des mauvais effets des fourrages d'hiver. Les *graines* de labour , de foin , du chenevis , du genêt, le gland , le pain ou tourteau de chenevis, de navette et de colzat, sont très-nourrissans ; le chenevis échauffe; les glands sont nourrissans, mais ils donnent le dévoiement aux moutons et les altèrent ; il ne faut leur en donner que très-peu ; le pain de navette et de colzat les altère moins que celui de chenevis. Les *légumes* qu'on donne aux moutons sont les féveroles et les vesces ; on peut y ajouter des lentilles, des pois et des haricots.

Les moutons mangent aussi les lupins., après qu'on les a fait tremper dans l'eau pour en ôter l'amertume.

La gerbée d'avoine, où il reste du grain, est excellente; les gerbées de froment et de méteil seroient encore préférables, mais les grains sont trop précieux pour la nourriture des hommes.

Les gerbées de vesces, pois et haricots, recueillis avant leur maturité, sont très-nourrissantes.

Les meilleures feuilles sont celles d'aune, de bouleau, de charme, de frêne, de peuplier, de saule, etc., etc.

Dans les contrées du nord, où l'hiver est rude, on commence à donner du fourrage sec aux moutons dès la fin d'octobre; on leur en donne le matin, lorsque la gelée blanche empêche, pendant quelques heures, le troupeau de sortir, et le soir, lorsqu'en rentrant du pâturage il ne se trouve pas assez rempli; quand la neige ou les pluies abondantes les empêchent de sortir, il faut, outre ces deux époques du matin et du soir, leur donner, dans le milieu du jour, une nourriture fraîche, telle qu'on vient de l'indiquer ci-dessus. La ration de choux pour chaque mouton doit être, pour ceux d'une taille médiocre, d'environ une livre et demie; si l'on donne des carottes, ils peuvent en manger trois livres, près d'une livre et demie de navets; les pommes-de-terre, topinambours, à peu près dans les mêmes proportions. Ce repas de nourriture fraîche les préserve d'altération et des maladies que leur occasionne l'eau. On cesse cette nourriture au printemps, lorsqu'ils trouvent dans les champs une suffisante quantité d'herbes.

On évalue à peu près à huit livres l'herbe qu'un mouton peut manger; la réduction de ces huit livres en fourrage sec peut être estimée à deux livres ; d'après cela, on peut régler en tout temps le repas des troupeaux.

Les eaux des rivières et des ruisseaux, qui coulent continuellement, sont les meilleures pour les moutons; celles des lacs, des étangs, qui ont un peu de courant, sont préférables à toutes les eaux stagnantes des marais, à celles des mares; quand on est forcé de leur donner des eaux de pluie ou de citerne, il faut préalablement les exposer à l'air pendant quelque temps, pour qu'elles prennent le degré de la température. Les eaux croupies et corrompues sont très-nuisibles aux moutons; elles sont la source des maladies épizootiques.

Ces animaux, lorsqu'ils sont en bonne santé, boivent peu ; lorsqu'un berger s'aperçoit qu'un mouton court à l'eau avec avidité, il doit le remarquer, parce c'est une preuve qu'il est malade, ou qu'il le sera bientôt. Les bêtes à laine boivent peu, quand elles mangent des herbes succulentes ; elles boivent davantage dans les grandes sécheresses, les grands froids, et lorsqu'on leur donne des nourritures sèches. Alors un mouton d'environ vingt pouces de hauteur boit une, deux, trois ou quatre livres d'eau ; mais il y a des jours où il n'en boiroit point, quoiqu'on lui en présentât.

Il y a différens usages pour faire boire les moutons. Les uns les font boire deux fois le jour ; d'autres une fois en deux jours ; cela varie selon les saisons et les différentes nourritures. Cependant il est reconnu qu'il ne faut pas abreuver les moutons deux fois le jour. Lorsqu'il y a de l'eau dans le voisinage, et lorsque le troupeau est sain, il faut le conduire à l'eau une fois par jour seulement, sans l'arrêter, en le menant doucement. Chaque bête qui aura soif s'arrêtera pour boire, les autres passeront. En général, moins une bête à laine boit, mieux elle se porte.

Quand l'eau est éloignée, qu'on ne peut y conduire les moutons sans les fatiguer, alors il suffit de les y conduire une fois en deux ou trois jours, suivant la nourriture et la saison ; mais il ne faut jamais trop tarder à les abreuver, parce qu'il est prouvé que les moutons boivent en un jour presque autant d'eau qu'ils en auroient bu les jours précédens qu'ils ont passés sans boire ; et cet excès cause les épanchemens d'eau auxquels les bêtes à laine sont très-sujettes.

L'usage du sel, en certaines circonstances, leur est utile. Une petite poignée à chaque mouton tous les quinze jours, une livre pour vingt tous les huit jours, ce qui fait environ six gros pour chaque bête ; voilà la quantité qu'il faut donner à chaque fois.

Tous les ans , en mai , il sort une nouvelle laine de la peau des moutons ; en écartant les mèches de la laine , on aperçoit la pointe de la nouvelle , lorsqu'elle commence à pousser ; c'est alors le temps de la tonte. Si l'on tondoit plus tôt , la laine ne seroit pas à son point de maturité.

Il y a des personnes qui enlèvent les toisons avant d'avoir lavé les moutons , mais cette méthode est fort mauvaise ; il vaut infiniment mieux laver la laine sur le corps du mouton avant de le tondre ; c'est ce qu'on appelle laver à dos ou sur pied.

L'usage le plus général de tondre les moutons est de leur lier les quatre jambes ensemble , pour qu'ils ne se débattent pas , mais c'est une pratique détestable ; l'animal souffre d'une position gênante ; son ventre , sa vessie se trouvent tellement comprimés , que l'urine et la fiente sortent et salissent la toison ; il est bien plus simple de coucher le mouton sur une table percée de plusieurs trous près du bord ; on passe un cordon en plusieurs endroits , par les ouvertures , pour retenir les jambes de devant et celles de derrière dans lsurs positions naturelles. Lorsque c'est un bélier cornu , on accroche également une des cornes ; par ce moyen , l'animal n'est pas gêné , et les tondeurs travaillent plus à l'aise ; ils peuvent même être assis , ce qui n'est pas indifférent , pour un ouvrage qui demande de l'attention et de l'adresse , car il faut couper la laine avec les forceps très-près de la peau , à sans la blesser. Lorsque le mouton est tondu a sur l'un des côtés du corps, on le délie, on le retourne, et on l'attache de l'autre côté.

Après la tonte, si on aperçoit quelques signes de gale, on les frotte avec un onguent de graisse ou de suif et d'essence de térébenthine; si la peau a été entamée par les forceps, le même onguent est bon pour ces petites plaies.

Pour composer cet onguent, on fait fondre une livre de suif en été, ou de graisse en hiver, et l'on mêle avec ce suif ou cette graisse, en la tirant du feu, un quarteron environ d'huile de térébenthine.

Lorsque les moutons sont débarrassés de leur laine, on a à redouter pour eux les grandes chaleurs du soleil et les pluies froides, mais seulement pendant douze à quinze jours ; l'effet du soleil est de raccourcir la peau sur le dos et de la disposer à la gale et à d'autres maladies, tandis que les pluies froides morfondent les animaux et les transissent au point de les faire mourir, si on ne les réchauffe promptement. On évite ces dangers en les mettant à l'ombre lorsque le soleil est ardent ; lorsqu'on craint les pluies froides ou la grêle, il ne faut pas éloigner le troupeau de la bergerie, afin de pouvoir le faire rentrer et le mettre promptement à couvert s'il est nécessaire. Au reste, ces accidens ne sont à craindre que pour les moutons qui habitent les étables ; ceux qui vivent continuellement à l'air y sont moins sujets, et on n'est pas obligé de les mettre à couvert après la tonte.

La toison enlevée doit être exposée à l'air, afin qu'elle sèche ; car plus elle est séchée, moins elle est sujette à se gâter ; on l'étend ensuite de manière que la face qui tenoit au corps de l'animal se trouve en-dessous, et l'on replie tous les bords sur le milieu de l'autre face. On fait un paquet que l'on arrête avec quelques parties de laine, que l'on noue ensemble ; on dépose ensuite les toisons dans un endroit sec.

Description du claveau.

Le claveau est une fièvre inflammatoire suivie d'une éruption de pustules plus ou moins grosses, plus ou moins arrondies, plus ou moins rapprochées, qui peuvent affecter toutes les parties du corps, mais dont le siége le plus ordinaire est sur celles qui sont dégarnies de laine, telles que la tête, l'intérieur des épaules et des cuisses, la poitrine, le ventre, les mamelles, etc.

Moyens préservatifs.

D'après l'exposé qui vient d'être fait des causes du claveau, il est facile d'apercevoir les moyens de s'en garantir ; ils consistent :

1º A écarter soigneusement de son troupeau les hommes, les animaux et même les sub-stances inanimées qui, directement ou indi-rectement, ont séjourné dans le foyer de la contagion ; tels sont les bergers, les maré-chaux, les guérisseurs, les bouchers, les chiens, les cochons, les volailles, les peaux des moutons qui ont été attaqués de maladie, les effets généralement quelconques qui leur ont servi ;

2° A ne jamais conduire son troupeau sur les pâturages ou sur les routes fréquentées par des troupeaux claveleux ; ou, si on y est forcé, à ne les faire passer que le matin, lorsque la rosée en a émoussé le virus ;

3° A ne jamais passer sous le vent d'un troupeau attaqué, si la distance est moindre de cent toises ;

4° A élever soi-même les agneaux néces-saires pour recruter son troupeau, ou du moins à les prendre dans les troupeaux con-nus, et, autant qu'il sera possible, du voi-sinage, plutôt que d'aller le remonter dans les foires ;

5° A sacrifier sans miséricorde les pre-mières bêtes affectées, si elles ne sont pas en bien grand nombre ;

6° A les tuer dans la fosse même, pour éviter que le sang ne soit flairé par des bêtes saines, ou léché par des chiens ;

7° A donner à cette fosse quatre pieds au moins de profondeur, pour que les cadavres ne puissent être déterrés ;

8° A séparer soigneusement toutes les bêtes saines de celles qui ne le sont pas, lorsque ces dernières sont en trop grand nombre pour qu'on puisse se déterminer à en faire le sacrifice, ce qui est bien différent de séparer les bêtes malades des saines, procédé qui laisse souvent les dernières exposées à l'influence des causes qui ont déterminé la maladie dans les premières;

9° A faire baigner à grande eau, plusieurs fois par jour, et pendant plusieurs jours de suite, si le temps le permet, tous les individus qui ont été exposés aux effets de la contagion;

10° A brûler soigneusement le fumier retiré des bergeries où ont séjourné des moutons claveleux;

11° A mettre toujours entre le cantonnement et les pâturages parcourus par les troupeaux sains un intervalle le plus grand qu'il sera possible, mais qui ne soit pas moindre de douze à quinze toises, au lieu d'un simple sillon qu'on est dans l'usage d'établir entre le cantonnement et le pâturage commun;

11° A éviter le passage alternatif de la bergerie, à moins qu'on ne puisse s'y rendre par un chemin qui ne soit fréquenté par aucun autre troupeau;

18° A prolonger toujours le cantonnemeut des bêtes malades au-delà de trois mois, temps fixé presque partout par l'usage, qui sert de loi;

14° A ne jamais joindre à son troupeau les bêtes achetées aux foires ou ailleurs, sans les avoir tenues séparément au moins pendant huit à dix jours;

15° A passer un séton au fanon des bêtes

qui ont été exposées à la contagion : ce séton diminue presque toujours les effets , lorsqu'il ne les annule pas entièrement ;

16° A les nourrir moins abondamment qu'à l'ordinaire, l'expérience ayant prouvé que les bêtes qui avoient le plus d'embonpoint étoient toujours celles qui étoient le plus tôt et le plus grièvement affectées ;

17° A ne les point entasser , comme on le pratique communément , pour accélérer le développement de la maladie ; ce qui contribue beaucoup à la rendre plus funeste et plus expansive.

C'est au moyen de ces précautions qu'on peut être assuré de mettre son troupeau à l'abri du claveau , ou du moins d'en affoiblir beaucoup le danger.

Moyens curatifs.

Rien ne prouve mieux l'insuffisance , pour ne rien dire de plus , des moyens curatifs employés contre le claveau, que leur étonnante multiplicité. Il n'est presque point de substances dans les pharmacies qui n'aient été essayées et préconisées , le plus grand nombre par l'empirisme sans lumières, quelques-unes par des hommes assez habiles pour en établir l'emploi sur des principes , et former une sorte de doctrine capable d'en imposer à des esprits peu éclairés. Avant d'établir le traitement qui me paroît mériter la préférence , il me semble nécessaire de faire connoître quelques - unes des recettes les plus vantées, quelques-uns des remèdes les plus usités.

Il est peut-être des moyens plus simples et plus sûrs de parvenir au but qu'on doit se proposer.

Ce but est 1° la séparation de l'humeur claveleuse ; 2° son expulsion.

D'où il suit que toutes les indications se réduisent à ménager tellement les pustules, qu'elles parviennent à suppuration sans s'affoiblir ou s'évanouir.

Lorsque le mouvement du sang paroît trop accéléré, et que l'animal est jeune et d'une constitution vigoureuse, rien ne semble, au premier coup-d'œil, plus propre à calmer cette fièvre excessive, qu'une ou deux saignées ; mais si l'on réfléchit à la difficulté de juger sûrement de la circulation du sang, à l'incertitude des inductions tirées du pouls dans un animal auquel l'approche seule de l'homme suffit pour donner la fièvre ; si l'on réfléchit au danger de porter l'affoiblissement un peu au-delà du terme, on renoncera à la saignée, à laquelle on suppléera par la diminution de la nourriture et l'usage de l'eau blanchie avec le son ; et à défaut d'eau blanche, d'une décoction de foin.

Le séton passé au fanon dès le commencement de la maladie contribue aussi puissamment à affoiblir les animaux et à diminuer la gravité des accidens ; il prévient toujours les dépôts par lesquels le claveau se termine trop souvent.

Si l'éruption semble se faire difficilement, et que la nature paroisse anéantie, au lieu des cordiaux incendiaires qu'on donne presque toujours dans ce cas, on peut donner avec succès l'infusion de fleurs de sureau, à raison d'une chopine au moins à chaque fois.

La température dans laquelle on tient les animaux malades n'est rien moins qu'indifférente. Trop chaude, elle relâche, affoiblit et détruit le ton, sans lequel l'éruption ne sauroit se faire; trop froide, elle crispe les fibres, resserre les couloirs de la peau, et rend ainsi l'éruption impossible. La température la plus propre à la favoriser est celle qui se rapproche le plus de la chaleur naturelle du corps.

On ne doit faire sortir des animaux malades que par un temps doux et serein; la pluie, et surtout la pluie froide, feroit rentrer l'humeur. Un courant d'air, auquel les animaux malades seroient exposés dans le temps de l'éruption, produiroit le même effet, et donneroit lieu, en outre, à une salivation abondante et à l'écoulement, par les narines, d'une humeur muqueuse, abondante et épaisse. Il arrive quelquefois qu'elle obstrue tellement les conduits de l'air, que l'animal ne peut respirer que très-difficilement. Une injection d'eau miellée dans les narines ainsi obstruées, fait couler la matière, et rétablit la liberté de la respiration.

Lorsque les animaux sont guéris, il seroit très-imprudent de les remettre tout d'un coup à la nourriture ordinaire ; on doit au contraire ne les y amener que peu à peu.

Des chèvres.

Le mâle de la *chèvre* s'appelle *bouc* ; ses cornes, outre son sexe, le distinguent de la chèvre ; il s'en distingue aussi par l'odeur forte et désagréable qu'il répand. Le petit de cette espèce d'animaux se nomme *chevreau*.

Le lait de chèvre est plus sain et meilleur que le lait de brebis ; il est d'usage en médecine, et tient le milieu entre le lait de vache et celui d'ânesse ; il a moins de consistance que le premier, et moins de sérosités que le second.

C'est après sa première année révolue que le bouc peut engendrer, et la chèvre à huit mois ; mais les fruits de cette génération précoce sont foibles et défectueux. On doit attendre au moins l'âge de deux ans.

La chèvre porte cinq mois, et met bas vers le commencement du sixième. On lui donne du bon foin quelques jours avant qu'elle ne chevrote, et quelques jours après ; il faut prendre attention de ne point la laisser souffrir de la soif tout le temps qu'elle porte.

On lui laissera allaiter son chevreau un mois ou six semaines, deux mois au plus quand il est foible et de la petite espèce : à cette époque on ôte le lait aux chevreaux, à mesure qu'ils commencent à se faire une autre nourriture, telle que de jeunes bourgeons, de la bonne herbe et du foin choisi; et ce n'est que lorsqu'ils y sont habitués qu'on peut les priver tout-à-fait du lait.

On évalue le nombre des plantes qui conviennent aux chèvres à environ cinq cents; celui des bêtes à cornes et aux chevaux, à deux cents; le nombre de celles qui conviennent aux brebis, à quatre cents; et celui des veaux et poulains, à cent, parmi lesquelles il y en a beaucoup auxquelles tous les animaux donnent la préférence, qu'ils dédaignent dans un temps et mangent avec plaisir dans un autre. Plus les chèvres mangent, plus la quantité de lait augmente. Ainsi, pour entretenir et augmenter cette abondance de lait, on les conduit dans de bons pâturages, où le dictame et la quintefeuille se trouvent en quantité; on les abreuve soir et matin, et on leur donne de temps en temps du salpêtre et de l'eau salée. Si elles ne sortent pas de l'écurie, on peut leur donner le marc des huiles, faire bouillir pour elles le triage des herbes potagères avec du son, de la farine de maïs : la pomme-de-terre, bouillie avec le son, augmente surtout leur lait. La traite se fait deux fois par jour, le soir et le matin, de la même manière que pour la vache. Pour connoître l'âge de ces animaux on consulte les dents et les nœuds des cornes, qui indiquent les années de la chèvre, comme dans la brebis. Elle n'a point, comme ce dernier animal, des dents incisives à la mâchoire antérieure, et celles de la mâchoire postérieure tombent et se renouvellent dans le même ordre. La chèvre vit ordinairement de dix à douze ans; quelques-unes excèdent cet âge, mais cela n'est pas commun.

Des cochons.

Cet animal doit avoir quatre pieds deux pouces depuis le boutoir jusqu'à l'origine de la queue; un pied deux pouces dans la tête, prise depuis le boutoir jusque derrière les oreilles, et deux pieds de circonférence, prise au-dessus des yeux; six pouces de longueur dans le cou, et deux pieds de circonférence; deux pieds un pouce de hauteur, depuis le sol jusqu'au garrot, et deux pieds deux pouces et demi depuis le bas du pied jusqu'au-dessus de l'os des hanches; deux pieds dix pouces de circonférence dans le corps, prise derrière les jambes du devant; trois pieds cinq pouces au milieu du corps, à l'endroit le plus gros, et deux pieds onze pouces devant les jambes de derrière. Le verrat, qui est le mâle de la truie, doit annoncer de la vigueur; la tête doit être grosse, le groin court et camus, les oreilles grandes, les yeux ardens, le cou épais et gros, une carrure large et arrondie, les jambes courtes et fortes, le ventre évidé, les poils rudes et hérissés sur le dos, le poil noir. La truie doit être d'une belle encolure, le ventre large, les mamelles pendantes, et un naturel tranquille. Quand la truie est pleine, il est indispensable de la séparer du verrat, parce qu'il pourroit la blesser et même dévorer ses petits. On l'enferme donc dans une étable, où on la nourrit bien, surtout lors de l'accouchement, afin qu'elle-même ne mange pas ses cochonneaux. L'étable où on la mettra devra être bien pavée, les murs solidement construits; on y tiendra et renouvellera souvent la litière, et on la nettoiera soigneusement de tout fumier. On conçoit que les besoins de la truie qui a mis bas augmentant, il faut lui donner une nourriture aussi simple que substantielle. On lui prépare un mélange de son, d'eau tiède et d'herbes fraîches. On ne lui laisse que les petits qu'on veut nourrir; on vend les autres, et l'on garde de préférence les mâles, en ne leur laissant qu'une femelle sur quatre à cinq autres. C'est à deux mois qu'il faut sevrer les cochonneaux. On les mène alors aux champs pour paître l'herbe, si la saison le permet; soir et matin on leur donne de l'eau blanchie avec du son ou du petit lait : les lavures d'écuelles, mêlées avec du petit lait, leur sont encore très-bonnes. En hiver, on fait tiédir ces lavures sur le feu, puis on les jette dans leur auge avec un peu de son et quelques fruits ou légumes, ou quelques morceaux de graisse. C'est ainsi qu'on entretient les porcs jusqu'au renouvellement de la saison, où l'herbe commence à fournir la meilleure partie de la nourriture. On les envoie aux champs tous les jours, jusqu'à la fin de l'été; vers l'automne on les engraisse pour les vendre. Pour les engraisser facilement, il faut commencer par les châtrer ; ensuite l'orge, le gland, les buvées de choux, de navets, de carottes, le rebut des herbes potagères, les légumes cuits dans de l'eau de son, forment leur nourriture ordinaire. Il est bon aussi de les conduire dans les forêts où il y a beaucoup de glands et de châtaigniers, et de leur donner le soir, à leur retour des bois, de l'eau de son, dans laquelle on mêle un peu de farine d'ivraie, de maïs ou d'orge. En deux ou trois mois un jeune cochon est engraissé : il faut plus de temps lorsqu'un animal est vieux, et encore ne devient-il jamais si gras. Le cochon craint beaucoup le froid, et cette raison apprend que naturellement les pays chauds lui conviennent. Le cochon vit environ quinze à vingt ans, mais il est rare qu'on le laisse parvenir à ce terme ; on le tue ordinairement à l'âge de deux ans.

Des lapins.

Les lapins sont des animaux destructeurs, et l'un des plus terribles fléaux des cultivateurs. On prétend que dix lapins domestiques consomment autant d'herbe qu'une seule vache.

Si l'on veut détruire une garenne, ce qui n'est pas aussi facile que de la peupler, il faut choisir dans l'hiver un jour froid et pluvieux, afin de s'assurer que les lapins sont terrés ; on fera en outre, avec des chiens, une battue dans les environs de leur retraite. Après avoir reconnu tous les trous, et même les avoir agrandis, on les chargera de mauvais bois, et on mettra le feu à tous en même temps, en continuant de faire beaucoup de bruit. Si l'on peut se procurer un bon nombre de soufflets, l'opération en vaudra mieux. Aussitôt que le bois est aux trois quarts consumé, des hommes armés de pioches et de pelles poussent la braise et le reste du bois dans le terrier, et le bouchent avec des pierres et de la terre. On a vu des lapins s'élancer en dehors, malgré la flamme ; on pare à cet inconvénient en garnissant l'ouverture du terrier avec des fourches de fer. Quelques jours après on retourne sur les lieux pour examiner les terriers, et l'on recommence la même opération, pour laquelle le bois vaut toujours mieux que la paille que l'on emploie quelquefois, mais qui brûle mal quand elle est pressée dans les trous.

Si l'on veut élever quelques lapins pour la cuisine, on aura soin d'aérer leurs cabanes, et de les garantir du froid et de l'humidité. On leur donne les débris de légumes de cuisine, à l'exception du chou, dont ils ne doivent jamais manger. Le genièvre est une nourriture qui relève beaucoup la saveur du lapin clapier, ou lapin domestique.

Le lapin de garenne a le poil, sous les pieds et sous la queue, de couleur rousse : ce poil est blanchâtre ou jaune dans le lapin clapier. Des fripons le roussissent un peu avant de le porter au marché ; supercherie que l'on distingue aisément à l'odorat.

Voici un secret pour donner au lapin cla-. pier un fumet aussi parfumé que celui du lapin de garenne.

Aussitôt que le lapin est tué, on le met, avec son poil, dans une boîte de bois à couvercle, sur un lit de lavande, de thym et de serpolet ; on l'entoure et on le couvre bien de ces plantes ; ensuite on ferme le couvercle et la boîte, et on le laisse dans cette boîte (mise dans un lieu sec et frais) pendant dix ou douze heures, après quoi on le livre au cuisinier. Si ce lapin n'a point mangé de choux, il sera aussi bon que le meilleur lapin de garenne.

La femelle du lapin s'appelle *hase*.

Les peaux de lapins d'Amérique et de Tabago ont une odeur agréablement musquée, qui les fait rechercher pour les fourrures.

On a trouvé le moyen de filer le poil de nos lapins ; on y joint un peu de soie pour faciliter l'opération. Le poil du lapin d'Angora est assez long pour se passer de cette addition de soie.

Commerce du suif et de la chandelle, du saindoux, du vieux-oing, et des graisses et flambarts.

Le suif diffère de la graisse, 1º en ce qu'il ne vient qu'aux animaux qui ruminent, qui ont des cornes, et qui n'ont point les pieds séparés en plusieurs doigts ; 2º le suif ne se trouve qu'aux extrémités des muscles et aux membres ; 3º après qu'il est fondu et refroidi, il se durcit, sonne et se rompt facilement ; au lieu que la graisse est toujours molle, oléagineuse, et ne se peut rompre ; 4º le suif n'entre point dans les alimens ; il a de commun avec la graisse, que l'un et l'autre sont produits par les plus froides parties du sang : c'est pourquoi les animaux les plus froids en sont les plus chargés.

Les bouchers, après avoir fait fondre leur suif, en remplissent des terrines ou des sébilles de bois, et l'y laissent refroidir, ce qui forme dans chaque terrine ou sébille une espèce de pain qu'on en retire quand il est froid et durci ; chacun de ces pains est de cinq livres et demie juste, c'est ce qui s'appelle une mesure de suif.

Il faut, pour faire du beau suif, qu'au sortir du corps de l'animal il soit étendu sur des perches, afin qu'il ne s'échauffe pas, et ne point passer plus de six ou huit jours, surtout dans l'été, sans le faire fondre, parce que plus tôt il est fondu, plus il est beau.

Le suif, tel qu'on le tire du corps de la bête, et avant d'être fondu, se nomme suif en branche, et ce qui reste au fond de la poêle après l'avoir fait fondre s'appelle cretons de suif. On met et on donne à ces cretons la forme de grands pains ronds, qui peuvent être employés à nourrir les chiens, les poules, et à différens autres usages.

Toutes les chandelles dont nous nous servons sont faites de suif de bœuf en dedans, et de suif de mouton en dehors; ou bien on les fond ensemble autant de l'un que de l'autre. On en fait aussi de suif de mouton seul, parce qu'il est plus blanc et qu'il a plus de consistance que celui du bœuf. On emploie ces deux sortes de suif à plusieurs autres usages, dans les médicamens et dans les arts : les bouchers en font une partie considérable de leur commerce.

Le meilleur suif est toujours le plus nouveau, le plus ferme et le plus sec, le mieux-sonnant et le plus pur; si on y mêle, en le fondant, du suif de tripes, du saindoux, flambart ou graisse, tout cela ne peut pas faire de bonne chandelle. La graisse de porc rend la chandelle coulante et puante.

Le suif de tripes est celui que les tripières tirent des intestins des bestiaux, qu'elles font cuire pour les vendre à bon marché : le bon suif se vend à Paris en pains de cinq livres et demie, comme on l'a déjà dit, pour le distinguer de celui de tripes, qui se vend aux tinettes, qui s'appellent doublets, ou en futailles. Comme il approche beaucoup de la graisse, il est mou, a beaucoup de consistance, se liquéfie aisément, et ne vaut rien à faire de la chandelle ; mais il sert aux manufactures de savon, au corroi des cuirs, et à d'autres ouvrages où il entre de la graisse ; mêlé avec le vrai suif, il le gâteroit.

Le suif de chèvre n'est guère moins bon pour faire de la chandelle que celui de mouton ou de bœuf, et il sert de plus aux corroyeurs dans l'apprêt de leurs cuirs : aussi, ceux qui font des nourritures de ce bétail ont grand soin d'engraisser les chèvres quand elles vieillissent, pour en avoir le suif. On en fait grand commerce en Portugal pour l'Afrique.

Manière de faire les chandelles.

Elles se fabriquent de deux façons différentes, et on les distingue par chandelles plongées, autrement dites baguettes, et par chandelles moulées ; elles sont les unes et les autres plus ou moins grosses, selon le nombre des trempes qu'on leur donne, ou les différens moules dont on se sert en les travaillant, ce qui fait qu'il y a des chandelles des six, des huit, des dix, des douze, des seize, et même des vingt à la livre ; et de toutes ces espèces de grosseur, il s'en fait des longues et des courtes.

Les chandelles plongées se font ainsi : on prend du coton mollement filé, nommé bazar, et on en fait des mèches, qui ne soient ni trop grosses ni trop fines, mais proportionnées à la grosseur et a la longueur qu'on veut donner aux chandelles, c'est-à-dire que si on fait des chandelles des huit à la livre, longues de dix à onze doigts, il faut composer la mèche de dix fils, pourvu que le coton ne soit pas trop gros ; mais si ces chandelles des huit sont plus courtes de deux doigts, on augmente les mèches de deux fils ; on en fait de même pour les autres chandelles.

Pour tailler les mèches, les chandeliers se servent d'un *couteau à mèche*, qui est une espèce de treteau ou petite table sur laquelle il y a une lame d'acier fort tranchante, qui est placée debout et à demeure : il y a aussi dessus cette table une broche de fer qu'on approche ou qu'on éloigne de la lame d'acier, suivant ce que les mèches doivent avoir de longueur : la broche étant à la distance nécessaire de la lame d'acier, on plie le coton en deux à l'entour de cette broche, on en conduit les deux bouts jusqu'au tranchant de la lame et on les coupe ; puis, on tortille un peu le coton entre les mains, pour former le collet, et empêcher en même temps que les mèches coupées ne se mêlent ensemble, ayant coutume de les laisser sur la broche de fer, jusqu'à ce qu'elle en soit entièrement garnie, ou qu'il y en ait au moins assez pour faire une brochée de chandelles : on appelle ainsi la quantité de mèches

qu'on peut plonger à la fois dans le moule,
qui est un vaisseau de bois de noyer, ayant
la forme triangulaire, dans lequel les chandeliers trempent les mèches pour faire la
chandelle plongée ; ce moule a aussi un couvercle de bois, et il est posé sur une petite
table qui a des rebords ; il peut contenir
ordinairement soixante à quatre-vingts livres
de suif, et même plus.

Les mèches ainsi taillées, on hache et on
coupe par morceaux, sur une table, les
pains de suif, et on les jette dans une poêle
placée sur le feu, pour les faire fondre,
ayant soin de remuer le suif de temps en
temps pour qu'il ne brûle pas ; quand il est
entièrement fondu, on y jette un demi-setier
ou un poisson d'eau, suivant la quantité de
suif qu'on fait fondre, pour l'épurer et pré-
cipiter plus promptement au fond de la poêle
les ordures qui peuvent y être mêlées ; les
chandeliers appellent cela mettre le filet.
Lorsque le suif doit servir à faire les trois
premières couches de chandelles plongées,
il ne faut point mettre d'eau, parce que les
mèches, étant encore toutes sèches, s'imbi-
beroient aisément de cette eau, ce qui feroit
que les chandelles seroient d'un mauvais usé,
qu'elles pétilleroient à mesure qu'elles brû-
leroient, et qu'elles s'éteindroient même très-
souvent.

Le suif étant fondu, on le survide au travers d'un tamis dans le moule de bois, ou
vaisseau triangulaire dont on vient de parler.

Il faut avoir eu attention, avant de faire fondre le suif, de mettre et passer des baguettes, qu'on nomme brochées à chandelles, au travers du collet des mèches. On en place seize, à égale distance l'une de l'autre, sur chaque broche, si ce sont des huit à la livre qu'on veuille faire ; mais si ce sont des douze à la livre, on en place dix-huit, et ainsi des autres espèces de chandelles.

Aussitôt que le suif est dans le moule, on prend à la fois deux de ces broches ou baguettes chargées de mèches, on les tient avec les deux mains par les deux bouts, on les éloigne l'une de l'autre, en mettant le second et le troisième doigt de chaque main entre les deux baguettes, et on trempe les mèches à différentes reprises, pour les bien imbiber ; puis on les tient un instant en l'air, au-dessus du moule, afin qu'elles s'égouttent, et ensuite on met les broches sur l'établi, pour que les mèches se sèchent entièrement ; on en fait de même des autres brochées. L'établi est une espèce de cage de bois, large de deux pieds et longue de deux toises, ayant plusieurs traverses, sur lesquelles on place les brochées de chandelles.

Quand les mèches ou brochées ont pris une certaine consistance, on les trempe une seconde fois dans le moule, de la même manière que la première ; ensuite on les met à l'établi, et quand elles y ont bien séché, on les prend de nouveau, on les plonge deux fois de suite, et on les remet encore sécher. Les autres trempes se font de même, excepté qu'on plonge les brochées trois fois de suite au lieu de deux.

On donne plus ou moins de couches, suivant la grosseur que les chandelles doivent avoir; mais il faut avoir soin, après chaque couche, de les mettre sécher à l'établi, et de les colleter en leur donnant la dernière, c'est-à-dire leur faire le collet, ce qui se fait en les enfonçant dans le moule où est le suif, un peu au-dessus de l'endroit où toutes les autres trempes se sont terminées, de manière que les deux branches de la mèche restent séparées, et qu'elles fassent comme deux lumignons. Quand le suif qui est dans le moule refroidit ou diminue, on doit en remettre de nouveau, qui soit bien chaud, et remuer le tout ensemble avec un bâton, appelé mouvoir, afin de l'entretenir toujours en état. Quand les chandelles ont acquis entièrement leur grosseur, on en rogne le cul au pied, avec le coupoir; c'est une platine de cuivre, plate et longue, ayant quatre petits pieds de fer, sous lequel on met un réchaud, fait exprès en long, qu'on remplit d'un feu modéré; on pose légèrement sur cette platine plusieurs brochées de chandelles à la fois, ce qui en aplatit le cul en les fondant, et les unit parfaitement.

La chandelle moulée se commence comme la chandelle plongée, c'est-à-dire qu'on taille les mèches, qu'on coupe le suif par morceaux, qu'on le jette dans la poêle, qu'on l'y fait fondre, qu'on l'écume, et qu'enfin on y met le filet d'eau; après cela, on survide le suif au travers d'un tamis dans une caque ou tinette de bois, au bas de laquelle, et à deux ou trois doigts du fond, est un robinet ou canelle, par où on le tire, pour le verser dans les moules à chandelles.

Pendant que le suif fond, ou bien avant de le mettre dans la poêle, on prend les moules à chandelles, on passe dans chacun une mèche, et on les place dans des trous faits exprès sur des tables, sous lesquelles il y a des espèces d'auges pour recevoir le suif qui peut tomber, en le versant dans les moules, qui sont ordinairement d'étain ou de fer-blanc; on en pourroit faire de plomb, mais les chandelles n'en seroient pas si belles, ni d'un si beau blanc. Ces moules sont plus ou moins longs et gros; aussi les nomme-t-on moules des six, des huit, des dix, des douze, suivant la grosseur des chandelles auxquelles ils peuvent servir. On ne fait point de ces moules partout; il n'y a que dans les grandes communes, comme Paris, Lyon, Rouen; ceux de six se vendent à Paris vingt-deux sous, et ceux de huit, dix et douze, à proportion. Chaque moule est composé de deux pièces, qui sont la tige et le culot, qu'on joint et qu'on sépare selon le besoin. La tige est un cylindre creux, au bout duquel, par en bas, est le collet, qui est fait en petit chapiteau cavé en dôme, avec une moulure en-dedans, et percé d'un petit trou au milieu, afin d'y pouvoir seulement passer la mèche. A l'autre bout est placé le culot, qu'on ôte et qu'on remet, comme nous l'avons dit, suivant les différens besoins; il est fait en forme de petite entonnoir, pour verser le suif plus aisément dans le moule. Lorsqu'on veut passer la mèche dans un moule, on prend l'aiguille à mèche, qui est un fil d'archal, long de quatorze à quinze pouces, ayant un anneau à l'un des bouts, et à l'autre un crochet; on passe cette aiguille dans le moule par le côté du culot, et on la fait sortir par le collet; ensuite on attache la mèche avec un petit bout de fil au crochet de cette aiguille, et on la retire; ce qui fait que la mèche suit l'aiguille, et qu'il n'en reste au-dehors que ce qui est nécessaire pour le collet de la chandelle; puis on détache la mèche de l'aiguille, et on l'attache, par le moyen du petit bout de fil, à un crochet qui est au centre du culot, pour la tenir droite au milieu de la tige.

Les moules garnis de leurs mèches étant placés dans les trous des tables dont nous avons parlé ci-dessus, on prend un pot, on le remplit de suif liquide, qui ne soit ni trop chaud ni trop froid, qu'on tire de la tinette par la cannelle ou robinet qui est au bas, et on le verse dans les moules.

Quand le suif des moules est refroidi, et que les chandelles ont pris de la consistance, on les en retire. Pour cela, on ôte le culot de chaque moule; la chandelle qui est attachée au crochet suit, et on détache le fil qui la tient; ensuite, en la courbant un peu à l'endroit où elle étoit arrêtée, elle s'y casse promptement, et par là on ne se trouve pas dans l'obligation de lui faire le cul, comme on fait à la chandelle plongée.

Les chandelles finies, on les enfile par le collet à des baguettes, et on les expose dix à douze jours au grand air pour les blanchir, ayant soin de les garantir de l'ardeur du soleil, qui les feroit fondre, et de la pluie ; ensuite on les met dans des boîtes, ou bien par paquets de cinq livres, qu'on enveloppe de papier gris.

La saison la plus favorable pour faire la chandelle est le printemps ; les petites gelées et la rosée la blanchissent parfaitement. Quelques personnes disent que, pour avoir des chandelles très-blanches, qui ne coulent point, et qui durent deux fois plus que les autres, il faut jeter peu à peu une livre d'alun de roche en poudre dans vingt livres de bon suif fondu, et remuer ensuite le tout avec un bâton. Il est certain que quand le suif est gras, et qu'il ne se détache pas aisément du moule, on peut y mêler de l'alun pour le sécher. On nomme, dans quelques endroits, chandelle de rousine, une espèce de chandelle composée de poix-résine et de mauvais suif, qui est faite pour être vendue à très-bon marché.

Arbre à suif. Le fruit de cannellier, qu'on trouve dans l'île de Ceylan, approche beaucoup du gland, pour la ressemblance ; lorsqu'on le met bouillir dans de l'eau, il en sort une espèce d'huile qui surnage, et qui devient aussi ferme que le suif de mouton. On en fait des chandelles très-blanches, qui brûlent bien, et qui jettent une odeur fort agréable.

Le *saindoux* est une espèce de graisse molle, qui vient aux animaux tout-à-fait terrestres, et c'est principalement celle qui est attachée au mésentère. Le porc en fournit plus qu'aucun animal. On bat et on fond cette graisse, pour en faire des beignets, de la friture, de la pommade, etc.

Le *vieux-oing* est la graisse de porc qui tient aux reins ; il en faut provision dans une ferme, pour en frotter les essieux des roues, le rouleau des presses, etc. L'oing, qu'on appelle autrement axonge, est la graisse la plus molle et la plus humide du corps des animaux : elle est différente du lard, qui est une graisse ferme, et du suif, qui est une graisse sèche. On se sert, en médecine, de l'axonge d'oie, de canard, de vipère et de plusieurs autres, même de celle de l'homme, qu'on estime beaucoup pour résoudre les tumeurs.

Ainsi il y a, suivant les médecins, quatre sortes de graisses. La première, qui est molle et humide, s'appelle axonge ou oing, *pinguedo;* la seconde, ou vraie graisse, est le saindoux, *adeps;* la troisième, plus ferme et plus dure, est le lard, *laridum;* et la quatrième, qui est plus sèche et plus épaisse, est le suif, *sevum.*

Les *flambeaux* ou *flambarts* sont toutes les

graisses qui se tirent des chairs qui en ont trop, et que l'on dégraisse, ou qui se trouvent sur le bouillon, quand il est refroidi. On fond toutes ces graisses, et on les brûle dans des lampes; on en fait aussi souvent flamber le feu pour le ranimer. On fond cette graisse une seconde fois pour l'épurer et la rendre plus semblable au saindoux. On en consomme beaucoup dans les manufactures de savon, et pour l'ensimage des étoffes de laine; les chandeliers en mettent même quelquefois frauduleusement dans leurs chandelles.

CHAPITRE XIII.

Commerce et débit du cuir, peaux , etc.

C'est un des plus lucratifs commerces qu'il y ait en France, parce qu'il n'y a pas assez de cuirs pour la grande consommation qui s'en fait, dans la ci-devant Provence principalement, et en Languedoc, où on ne tue presque point de bœufs. Les étrangers, qui tirent de nous presque toutes les autres choses de première nécessité, nous fournissent des cuirs : toutes sortes de peaux, soit de chevaux, poulains, bœufs, vaches, veaux, moutons, boucs, chèvres, même peaux d'ânes et de truies, sont d'un sûr débit en France. On en fait les bottes, bottines, souliers et pantoufles, tant d'hommes que de femmes, des couvertures de carrosses, de meubles, de livres, du maroquin, du chagrin, de la basane, du parchemin, du vélin, etc. : on vend jusqu'aux peaux de lièvres, de lapins, de chiens, de chats et de loups, etc.

Dans l'usage, on nomme cuirs toutes les peaux qu'il faut tanner pour en faire tomber le poil ou la bourre; et on appelle simplement peaux, les plus foibles ou délicates, qu'on passe seulement en mégie.

Les cuirs ou peaux sont très-susceptibles de corruption, parce qu'ils ont encore, lors de l'abatis, toute leur chaleur et toute leur humidité. Il n'y a qu'à exposer, dans un lieu sec et au grand air, les peaux délicates, comme celles de moutons, pour qu'elles se dessèchent et se conservent assez long-temps; mais comme les cuirs ont plus de consistance, et qu'ils gardent long-temps leur humidité, pour les préserver de la corruption, on employoit autrefois de la soude et de la gravelée, dont on se sert dans les manufactures de savon, et à Paris, dans les lessives : ensuite, on a employé du natron, sel grisâtre, tirant sur le noir, qui se forme en Egypte; et enfin on a quitté toutes ces drogues pour ne saler les cuirs qu'avec le sel qui reste au fond des vaisseaux après la salaison des morues, parce qu'il est moins corrosif et à meilleur marché.

Les cuirs de Hongrie sont de peaux de cheval, ceux de Russie, qu'on appelle, par corruption, de Roussie, et qui nous viennent de Pologne et de Moscovie, sont de vaches. On appelle cuirs verts ou cuirs crus, ceux qui n'ont eu encore aucune préparation, et qui sont tels qu'ils sortent de dessus le corps de la bête. On doit prendre garde que ceux qui l'ont écorchée n'en aient point troué ou coutelé la peau ; cela diminue considérablement le prix de celles de bœufs et de vaches : il faut qu'elles soient bien séchées au soleil quand on veut les garder ; car si elles n'étoient qu'à moitié sèches, elles seroient en danger de se pourrir. En Barbarie, d'où l'on tire beaucoup de cuirs pour la France, les Maures les vendent à la pièce et non au poids, aussi qu'on le pratique dans la plupart des pays de France et des autres climats plus humides, afin d'en tirer plus d'argent. Il y a plusieurs sortes de marchands de cuirs : le tanneur vend les gros cuirs passés à la tannerie ; pour cela, ayant pris les peaux du boucher, il les met boire un certain temps à la rivière, les rabat ou les jette dans les plains, en ôte le poil, les écharne et les quiosse, c'est-à-dire les nettoie, leur donne le tan, les met à l'essuie, et les rend en état de passer entre les mains du corroyeur. Le tan, qui sert pour la première préparation des cuirs, et pour en faire tomber le poil ou la bourre, est une poudre menue, qu'on fait d'écorces de jeunes chênes, battues dans de gros mortiers, par la force des roues d'un moulin à tan : ce tan sert ensuite à faire des mottes à brûler, dont il se fait une très-grande consommation. Le corroyeur prend les cuirs du tanneur, les travaille, les foule, les engraisse pour les rendre plus maniables, et leur donne toutes les façons nécessaires, afin qu'ils puissent servir aux cordonniers et autres qui les mettent en œuvre. Le mégissier prépare et teint les peaux blanches et délicates qui n'ont pas besoin d'être passées par le tan, comme peaux de moutons et de brebis, et les menues peaux qui passent en mégie : il en fait tomber le poil ou la laine, et les rend propres aux manufactures et autres ouvrages, comme gants, bourses, parchemins, etc. Il prépare aussi les fourrures, comme celles de chiens, de chats, etc. ; il fait tomber le poil de la peau avec de l'alun, sel fossile, dont la propriété est de restreindre, de ronger, et sans lequel on ne sauroit guère teindre ni enluminer les peaux ni les étoffes. Le peaussier vend ou prépare des peaux de moutons de toutes couleurs, des peaux pour faire des gants, ou à autre usage, qu'il vend aux relieurs, gantiers, etc. ; des peaux de truies pour couvrir des coffres, etc. Les peaussiers sont différens des fourreurs, des mégissiers, des tanneurs et des corroyeurs, en ce que ceux-ci font différentes préparations des peaux, et que les peaussiers ne font que peler avec le rouleau de bois, appelé peloir, les peaux de brebis et de moutons qui ont passé en mégie.

Le cuir bouilli est une préparation de cuir dont se servent seulement les gaîniers et bourreliers, qui mettent bouillir le cuir avec plusieurs gommes, résines et colles.

Le maroquin est une peau de bouc ou de chèvre, de vache de Russie ou de mouton, passée en confit ou en galle, et que le corroyeur travaille ensuite. Le confit est une sorte de cave où l'on met confire les peaux de moutons, de boucs, de lièvres, etc. ; et les noix de galle servent pour les teindre. Le maroquin de bouc ou chèvre est le meilleur, d'autant que les autres n'ont point de grain. Le maroquin sert à faire des bottes, des souliers, et les plus belles reliures ; il y en a de noir, de rouge, de jaune et de bleu. Comme on en consomme beaucoup en France, on y apporte du Nord quantité de peaux de boucs pour en faire. On appelle maroquin du Levant ou de Barbarie, les peaux de boucs qui viennent de l'Afrique, et qu'on passe en noir à Rouen ; et on nomme maroquin bronzé celui qui n'est point grenu, qui est noir, et dont on fait des souliers de deuil. On dit aussi du veau bronzé, quand il est passé en noir. Le cordouan, dont on fait le dessus des souliers, est un cuir de bouc ou de chèvre, passé au tan, ce qui le distingue du maroquin qui est passé en galle : le chagrin, cuir dont on couvre des livres, des petits coffres, et qui sert à faire des étuis, des tablettes, etc., se fait de peau de cheval, d'âne ou de mulet. On n'y emploie que le derrière de la bête : celui de l'âne a le plus beau grain, et passe pour le meilleur et le plus fin. C'est avec des graines de moutarde qu'on presse dessus, qu'on y fait paroître ce beau grain qui le fait estimer. Le plus beau chagrin se fait à Constantinople ; et les chagrins de Turquie, si vantés, ne viennent pas d'un poisson de ce nom, comme quelques-uns le croient ; il se fait avec la peau de la croupe des chevaux et des mulets, qu'on presse bien, et qu'on rend la plus mince qu'il est possible, avant de la mettre en presse avec la graine de moutarde la plus fine. Les endroits qui restent unis s'appellent des miroirs, et sont un grand défaut : les grains du véritable chagrin sont un peu couchés ; c'est à quoi on le distingue du faux.

La basane est une peau de mouton passée simplement par le tan, et non en mégie, qui sert, sans autre préparation, à couvrir des livres, des pantoufles, etc.

Le parchemin (*pergamenum*) est une peau de mouton, de bélier ou de chèvre, passée en mégie, bien râclée avec des fers par le parcheminier, qui l'étend pour cela sur sa herse, et l'arrête avec le clan. On passe les parchemins en chaux, et ils servent à écrire, à faire des éventails, à couvrir des livres, etc.; le parchemin vierge est fait de la peau d'un agneau mort-né ; et le parchemin en cosse est la peau telle que le parcheminier la reçoit du mégissier.

La baudruche est un parchemin fort délié, qui se fait de la première peau qu'on lève sur les boyaux de bœufs. La baudruche est transparente, et sert à faire plusieurs ouvrages délicats, principalement à battre de l'or : on pourroit en garnir des châssis.

Le canepin est une peau déliée qu'on lève de dessus la peau de mouton, après qu'elle a été quelque temps dans la chaux. C'est de cette peau qu'on fait des éventails et des gants de femmes, qu'on appelle autrement gants de cuir de poule. On appelle aussi canepin une petite pelure bien déliée qu'on prend au-dedans de l'écorce du tilleul, ou au-dehors de l'écorce du bouleau, dont les anciens se servoient pour écrire.

Le vélin est une peau de veau de lait, ou mort-né, passée en mégie, et râclée comme le parchemin ordinaire, mais qui est plus délicate et plus unie.

La bourre, qui est le poil de plusieurs animaux, comme bœufs, vaches, veaux, cerfs, chevaux, etc., sert à garnir des chaises, des selles, tabourets, etc. On la détache par le moyen de la chaux, ou on l'arrache avec un couteau de dessus les peaux ou cuirs en les apprêtant. Les tanneurs et mégissiers la vendent aux bourreliers.

La bourre launisse est la laine qui se tire des draps, quand on les prépare avec le chardon du bonnetier ; on en fait des matelas, de même que les tanneurs et les corroyeurs font les mottes à brûler avec le vieux tan et les râclures des cuirs qui passent par leurs mains.

La bourre tontisse est celle qui se tire des

draps quand ils passent par les mains du ton-
deur : elle est la moindre de toutes les bourres ; elle sert aux potiers d'étain pour faire
des bourrelets.

Il y a aussi la bourre de soie, qui est de
la soie de rebut ou imparfaite, qu'on tire
avec le peigne après que le cocon est dévidé.

Le poil de chèvre, quand il n'est point
filé, sert aux teinturiers à faire le rouge de
bourre ; et quand il est filé, on le fait entrer
dans la fabrique de plusieurs espèces d'é-
toffes, camelots, peluches et pannes de poil,
grisettes ou papelines ; on en fait aussi des
boutons, des ganses, des ceintures, des la-
cets, des aiguillettes, etc. Le poil de sanglier et de cochon sert aux cordonniers et
selliers, et à faire aussi des brosses, des pin-
ceaux, etc. Le poil de lapin et de lièvre,
et même celui des barbets, s'emploie dans
les chapeaux, les fourrures de manchons, etc.
Le crin sert à garnir des sommiers, des matelas, des chaises, des perruques, et à faire
des bourses, des boutons, des tamis, des
cordons de chapeau, des haires pour les
brasseurs, des bracelets, des brosses, des
formes pour les meuniers à l'huile, etc. Les
cordiers crépissent le crin du cheval ou du
bœuf, en le faisant bouillir dans l'eau après
l'avoir cordé, pour le friser et le mettre en
état d'être employé par les tapissiers, selliers et autres artisans qui en font la consommation. Le crin plat est celui qui n'a pas
eu cette façon ; on le vend à la livre et au

quintal : celui de bœuf et de vache est le moindre. Les cornes et ongles des animaux servent à faire quantité d'ouvrages de corne, comme peignes, tablettes, cornets, écritoires, boutons, lanternes, manches de couteau ; on les vend aux cornetiers ou refendeurs de cornes, qui les fendent, les redressent avec des fers chauds et autres instrumens, et les revendent aux ébénistes et aux peigniers : ils ont le secret de les amollir et de les réduire en pâte, à peu près comme nous le dirons de la corne de cerf. On se sert aussi des cornes et des ongles pour faire la colle-forte, pour calciner le fer et faire l'acier ; on en fait des cornets à vachers et à bergers, des cornes à amorcer le canon, des cornets à bouquin ; et la pointe des cornes sert à garnir les bouts des flèches et des traits d'arbalète, etc. Les habitans des campagnes achètent des peigniers les rognures de corne au sac, pour les jeter, au lieu de fumier, sur les terres qu'il veulent amender et échauffer, surtout pour y faire venir du lin. Les cordes de boyaux, dont on garnit les rouets, les raquettes, les instrumens de musique, comme harpes, guitares, luths, téorbes, violons, violes, basses et vielles, se font avec des boyaux de veaux, de moutons et de chats, desséchés et mis en petits filets qu'on tortille.

CHAPITRE XIV.

Des animaux domestiques étrangers.

Le buffle, en latin *buffelus*, animal quadrupède, originaire d'Afrique et d'Asie, devenu domestique en Europe. Il fut amené, vers la fin du seizième siècle, en Italie, où depuis ce temps on s'en sert, ainsi que dans quelques-unes de nos provinces méridionales, pour cultiver la terre, et il y a conservé la faculté de se reproduire.

Le buffle est plus grand et plus fort que le taureau ; ces deux espèces sont différentes et ne s'unissent point ensemble. Le buffle est beaucoup plus intraitable que le bœuf. On a remarqué que moins le climat est chaud, et plus il est féroce : il seroit indomptable dans le nord. La femelle du buffle porte environ douze mois ; elle a quatre mamelles, et, chose remarquable, ces quatre mamelles sont placées sur la même ligne. Elle ne produit qu'un petit, et si elle en produit deux, communément elle meurt des suites de cette trop grande fécondité, qui est fort rare dans cette espèce. Elle produit deux années de suite et se repose la troisième ; sa fécondité commence à quatre ans et finit à douze. Cet animal vit dix-huit à vingt ans.

On fait en Espagne des chasses ou combats de buffles, ainsi que de taureaux; mais le buffle irrité est beaucoup plus furieux. On en a vu poursuivre l'homme jusque dans les maisons, dont il monte les escaliers avec une facilité particulière, se présenter aux fenêtres, d'où il saute dans l'arène, etc.

Dans presque toute l'Italie le buffle est dompté et sert au labourage. On dit que sa chair est bonne à manger. Le lait de la femelle est estimé; cependant il a un goût musqué qui peut déplaire.

Les cornes, les ongles, la graisse et la fiente du buffle ont, dit-on, les mêmes vertus en médecine que celles du bœuf. Quand sa peau a été passée à l'huile comme celle du chamois, elle porte le nom de *buffle*. Les militaires s'en servoient jadis pour armure; on l'emploie encore à cause de sa légèreté et de sa dureté : on en fait des ceinturons, des bourres, etc.

Le chameau.

Le chameau et le dromadaire sont des animaux, dit M. de Buffon, qui ne désignent pas deux espèces différentes, mais indiquent seulement les deux races distinctes et subsistantes de temps immémorial dans l'espèce du chameau.

On distingue en Afrique trois espèces différentes de *chameaux* : les uns sont les plus grands, les plus forts; ils portent jusqu'à mille et douze cents livres pesant, d'où vient qu'en Orient on les nomme *navires de terre.* Les autres viennent du Turquestan en Asie (c'est le chameau turc ou à deux bosses); ils sont plus petits que les premiers, également propres à être montés; mais ils ne portent que six à sept cents livres. Les troisièmes sont petits, maigres, mais excellens coureurs. Le dromadaire est le chameau d'Arabie. Il paroît que les bosses du chameau sont les fruits d'une longue servitude, et ces difformités ne s'effaceront jamais tant que ces animaux seront captifs et surchargés de fardeaux.

La Providence se montre si visiblement dans tous ses ouvrages, que l'on pourroit deviner le pays naturel des animaux, en les jugeant seulement par des rapports de convenance et de conformité. La nature a fait naître certains animaux si bien appropriés à leur pays, qu'en vain voudroit-on multiplier les rennes hors des pays glacés, ou les éléphans hors des pays brûlans; et ces animaux sont précisément ceux qui seroient peu utiles hors de leur pays natal. Les rennes, par exemple, qui vont si rapidement sur la neige, et qui se nourrissent de la mousse qui croît sous la neige, seroient dans nos climats des animaux peu utiles, et sont en Laponie un bienfait précieux de la Providence.

Peut-il se trouver un animal plus propre que le chameau à supporter les plus rudes fatigues au milieu des sables arides et brûlans des déserts de l'Afrique? Le chameau est, pour ainsi dire, le seul être qui puisse subsister malgré le tourment de la soif et de la faim ; aussi, comme il étoit destiné à souffrir des jeûnes inévitables dans ses longs voyages, la nature lui a donné des ressources particulières et merveilleuses contre la disette, et même le manque absolu de nourriture et de boisson. Cet animal peut rester quelquefois neuf jours et davantage sans boire, en faisant cependant chaque jour depuis vingt jusqu'à vingt-cinq et trente lieues, et en portant des poids énormes. Si par hasard il se rencontre une mare à quelque distance de la route de ces animaux, ils sentent l'eau de plus d'une demi-lieue, ils doublent le pas et ils boivent en une fois pour le temps passé et pour le temps à venir; car souvent leurs voyages sont de plusieurs semaines, et leur abstinence doit durer tout ce temps, car on ne leur donne alors pour nourriture, par jour, qu'une pelote de pâte faite de fleur de farine, ou de fèves et d'orge, et on ne leur laisse chaque jour qu'une heure de repos.

Cette facilité qu'ont les chameaux de boire pendant si long-temps est due à leur singulière conformation. Il y a dans le chameau, indépendamment de quatre estomacs, une cinquième poche qui lui sert de réservoir pour conserver de l'eau. Ce cinquième estomac manque aux autres animaux et n'appartient qu'aux chameaux. Il est rempli d'une multitude de cavités, et d'une capacité assez vaste pour contenir précisément la provision absolument indispensable pour traverser les déserts ; l'eau séjourne dans cette poche sans s'y corrompre et sans que les autres alimens puissent s'y mêler. Lorsque l'animal est pressé par la soif et qu'il a besoin de délayer la nourriture sèche et de la macérer par la rumination, il fait remonter dans sa panse, et jusqu'à l'œsophage, une partie de cette eau par une simple contraction des muscles ; et cette eau, comme on l'a dit, demeure saine et limpide dans ce réservoir, parce que ni les liqueurs du corps ni les sucs de la digestion ne peuvent s'y mêler. Ce qui n'est pas moins merveilleux est la prévoyance de cet animal, qui le porte à économiser cet amas d'eau et à le réserver pour le besoin, malgré la soif qui le presse continuellement de l'employer.

Le chameau a reçu en partage tout ce qui pouvoit le rendre utile à l'homme ; sa conformation, son instinct et ses qualités ; la force, la vigueur, la vitesse, la patience, la douceur, la docilité et la sobriété la plus étonnante. On le dresse dès son enfance à se baisser et s'accroupir lorsqu'on veut le charger ; pour l'y former, dès qu'il est né, on lui plie les jambes sous le ventre et on le couvre d'un tapis, sur les bords duquel on met des pierres, afin qu'il ne puisse pas se relever ; comme cet animal est très-haut, on l'accoutume à se mettre dans cette posture dès qu'on lui touche les genoux avec une baguette, afin de le pouvoir charger plus aisément.

On ne fait point porter de fardeaux à ces animaux avant l'âge de trois ou quatre ans. Quand ils sentent qu'ils sont assez chargés, on ne doit pas songer à leur donner plus de charge, ils ne la supporteroient pas; dans ce cas, ils se rebutent, donnent de la tête et se relèvent à l'instant.

En Turquie, en Perse, en Arabie, en Égypte, en Barbarie, le transport des marchandises ne se fait que par le moyen des chameaux; c'est de toutes les voitures la plus prompte et la plus commode. Les marchands et autres passagers se réunissent en caravanes pour éviter la piraterie des Arabes. Les caravanes sont toujours composées de plus de chameaux que d'hommes. On charge le chameau sur sa bosse, ou bien on y suspend des paniers assez grands pour qu'une personne y puisse tenir assise, les jambes croisées, à la manière des Orientaux. C'est dans ces paniers qu'on voiture les femmes.

On attelle aussi des chameaux pour traîner des chars; on ne se sert point d'étrille pour les panser, on les frappe seulement avec une petite baguette pour faire tomber la poussière qui est sur leur corps.

On se sert du fumier et même de la fiente de ces animaux, que l'on fait sécher pour faire l'office du bois et préparer la cuisine au milieu des déserts.

Il ne faut point frapper les chameaux pour

les faire avancer ; la nature, en les rendant si éminemment utiles, leur donna en même temps toutes les qualités qui devoient les affranchir de tout mauvais traitement. Pour faire avancer les chameaux, il suffit de chanter et de siffler. Lorsqu'ils sont en grand nombre, on bat des timbales. Le maître chamelier leur attache aussi des sonnettes aux genoux et une cloche au cou, pour les animer et pour avertir dans les défilés : cet animal réunit le courage à la douceur ; on le fait marcher aisément, excepté lorsqu'il se trouve de la terre grasse (ce qui n'arrive presque jamais dans les déserts) ; son pied, plat, large et charnu en-dessous, glisse dans cette terre ; lorsqu'on rencontre de ces mauvais pas, on étend de gros tapis grossiers pour faire passer les chameaux, ou l'on attend que la sécheresse, si habituelle dans ces climats, ait rendu le chemin praticable.

On fait grand usage du lait de la femelle du chameau ; ce lait est sain, très-abondant, et si épais, qu'on ne le prend que mêlé avec trois quarts d'eau ; il est apéritif, purifiant et très-bon pour la lèpre, la gale, et toutes les maladies de la peau. On mange aussi la chair de ces animaux, surtout de ceux qui sont jeunes.

On ne doit pas s'étonner que cet animal si précieux soit originaire du pays qui fut habité par les premiers adorateurs du vrai Dieu. C'est dans l'Arabie que devoit naître le dromadaire, le plus beau des chameaux. Cet ani-

mal, qui non-seulement réunit toutes les qualités du cheval, de l'âne, du mulet et du
bœuf, mais qui en possède tant d'autres particulières et merveilleuses, cet animal utile
autant qu'extraordinaire fut un présent pater-
nel que Dieu fit à son peuple.

De l'éléphant.

Les pays chauds de l'Afrique et de l'Asie
sont les lieux où naissent les éléphans ; ceux
d'Asie sont beaucoup plus grands, et par
conséquent plus forts que ceux d'Afrique. Cet
animal joint à l'intelligence l'adresse, la force
et la sensibilité. Il n'a rien de féroce, il ne se
nourrit que de végétaux, il n'est redoutable
que lorsqu'il est provoqué et justement irrité.
Sa force est telle, qu'avec sa trompe, qui lui
tient lieu de main, il arrache des arbres ; que
d'un coup de son corps il fait une brèche
dans un mur ; qu'il est invincible par la seule
résistance de sa masse, par l'épaisseur du cuir
qui le couvre ; qu'il peut porter sur son dos
une tour armée en guerre, et chargée de plusieurs hommes ; que seul il fait mouvoir des
machines et transporter des fardeaux que six
chevaux vigoureux ne pourroient remuer.

La couleur ordinaire de ces animaux est
d'un gris noirâtre, il y en a quelques-uns de
blancs ou de rouges. Leur prix est proportionné à leur grandeur et à leur couleur ; il
y en a qui se vendent depuis huit jusqu'à
trente-six mille francs. L'éléphant va fort vite;

on dit que de son pas il atteint aisément un homme qui court; il nage parfaitement.

Un éléphant mange jusqu'à cent livres de riz par jour; il lui faut, en outre, une gerbe de blé et de l'herbe. Les éléphans sauvages vivent d'herbes, de racines, de feuilles, de fruits, et même de branches d'arbres, dont ils mangent le bois assez gros, pourvu qu'il soit tendre.

Les éléphans sauvages marchent toujours en troupe pour se défendre mutuellement ; les plus âgés et les plus forts marchent en tête, les plus jeunes et les plus foibles sont dans le milieu de la troupe, avec les mères qui tiennent leurs petits embrassés de leur trompe.

Cet animal apprivoisé paroît aimer passionnément la musique; on dit qu'il apprend aisément à marquer la mesure et à marcher en cadence. On l'attache par des traits à des chariots, des navires, des cabestans ; il tire également, continûment, porte de même des fardeaux sans se rebuter, pourvu que, loin de le maltraiter, on paroisse lui savoir gré des services qu'il rend.

On cite de l'éléphant mille traits touchans de reconnoissance, mais il est aussi très-vindicatif. La clémence est une vertu divine que les brutes ne peuvent avoir; attribut naturel de la puissance suprême, c'est elle qui donne à l'homme sa plus haute dignité, c'est elle qui seule prouveroit que son âme est immortelle.

L'odorat de l'éléphant est exquis, il aime les odeurs avec passion, c'est-à-dire toutes

23*

les fleurs odoriférantes, et surtout la fleur d'oranger. La femelle porte deux ans, elle ne produit qu'un petit, qui, au moment de sa naissance, est déjà plus gros qu'un sanglier, et à six mois plus gros qu'un bœuf. La durée de la vie de ces animaux n'est pas bien connue; on prétend qu'ils vivent jusqu'à cent vingt et même deux cents ans. A Siam on rend un culte à cet animal, idolâtrie fondée sur le système de la métempsycose : ces peuples pensent que les éléphans blancs sont les mânes vivantes des empereurs de l'Inde.

La charge du plus fort éléphant des Indes est de trois à quatre mille livres. Ces animaux sont des montures très-sûres, ils ne bronchent jamais. On dit que les Romains en avoient dressé à marcher sur la corde; mais il faut du temps pour s'accoutumer au mouvement brusque et au balancement continuel du pas de cet animal; la meilleure place est sur le cou, les secousses y sont moins rudes que sur les autres parties du corps. L'éléphant fait aisément quinze ou vingt lieues par jour, et il en peut faire trente-cinq ou quarante.

Les défenses d'éléphant sont un objet de commerce, c'est ce qui forme l'ivoire. On tire de l'ivoire, ainsi que de la corne de cerf, en les faisant brûler dans des vaisseaux clos, une poudre d'un très-beau noir qu'on nomme *noir d'ivoire*. Le noir liquide d'Angleterre, si renommé pour les bottes, n'est autre chose qu'une espèce d'encre faite avec une pinte de bière, une once de *noir d'ivoire* en poudre, deux onces de sucre candi en poudre, et une demi-once de gomme arabique concassée. On fait bouillir le tout jusqu'à réduction de moitié ; lorsque la liqueur est refroidie il faut la remuer, puis la passer dans une toile très-claire ; on la met ensuite dans une bouteille de grès bien bouchée et ficelée, sans quoi la liqueur, qui quelquefois fermente, pourroit faire sauter le bouchon. Pour s'en servir, on prend une plume garnie de sa barbe, qu'on trempe dans la bouteille, on en frotte le soulier et on l'étend avec une brosse à longs poils, et on en a une seconde pour polir jusqu'à ce que le cuir devienne luisant comme s'il étoit enduit d'un beau vernis noir.

Le rhinocéros.

C'est le plus grand de tous les quadrupèdes après l'éléphant.

Une singularité remarquable, c'est que le rhinocéros d'Asie a la langue douce comme du velours, tandis que la langue du rhinocéros d'Afrique est rude comme une grosse lime, et écorche tout ce qu'elle lèche. Partout où il y a des éléphans on trouve des rhinocéros ; mais ces deux espèces d'animaux sont ennemies : le rhinocéros d'Asie, plus grand, plus fort, paroît être l'espèce primitive ; il n'a qu'une seule corne qui a quelquefois jusqu'à quatre pieds de longueur ; cette corne reçoit un beau poli, on en fait de très-jolis ouvrages (1). Les rhinocéros d'Afrique ont deux cornes, et beaucoup moins longues que celles du rhinocéros d'Asie. Ces animaux ne se rassemblent point en troupes comme l'éléphant ; ils sont plus farouches, plus difficiles à chasser et à vaincre. On ne peut qu'avec beaucoup de peine les dompter et les apprivoiser.

On prétend que le sang de rhinocéros est un spécifique pour plusieurs maladies, entr'autres pour le flux de sang, les coliques, les plaies internes, etc. Les Européens qui peuvent en avoir de frais le mettent dans un boyau de cet animal, et l'exposent au soleil pour le faire sécher.

Cet animal ne vit que de végétaux.

On est parvenu souvent à rendre cet animal utile, en lui faisant porter et tirer d'énormes fardeaux ; mais ce n'est qu'avec beaucoup de difficultés.

De l'élan, en latin *alcc*.

Quadrupède de l'ordre des cerfs, animal ruminant et sauvage, et n'habitant que les pays septentrionaux. Il ressemble à certains égards au cerf, mais il est grand comme le cheval. Son poil, d'un jaune obscur mêlé de gris, est rude et long d'environ trois pouces ; lorsqu'on l'examine au microscope, il paroît

(1) On a vu une superbe canne qui avoit un peu plus de quatre pieds, et qui étoit faite d'une seule corne de rhinocéros. Cette canne appartenoit à feu M. le marquis de Clermont, ambassadeur à Naples.

spongieux en dedans comme le jonc. Ce poil, étant élastique, est propre à faire des matelas et à garnir des selles. Cet animal court sur les rochers et sur la glace avec autant de vitesse que de sûreté ; sa fourrure, son agilité, sa force, la conformation de ses jambes et de ses pieds, sont admirablement appropriés aux pays froids, montagneux et remplis de rochers qu'il habite. On a prétendu long-temps que la corne de ses pieds étoit un remède (portée en bague) contre l'épilepsie, les crampes et les battemens de cœur (1). La poudre de cette corne peut avoir quelques

(1) Il est très-vraisemblable que cette idée n'est qu'un préjugé ; cependant il y a dans la nature des phénomènes tellement inexplicables, que les savans mêmes n'ont pas le droit de nier une chose, uniquement parce qu'elle leur paroît incompréhensible. Par exemple, lorsqu'on a long-temps habité les pays du nord, on ne peut douter d'un fait qui paroît tenir à une crédulité ridicule, et qui néanmoins, dans le Holstein et en Suède surtout, est constaté par une longue expérience. Il est reconnu dans ce pays que pour se préserver des poux il suffit de porter un petit ossement humain dans ses cheveux. Tous les soldats suédois, casernés, ont ordre d'en porter dans la queue de leurs cheveux, et ils n'ont jamais de vermine, qui d'ailleurs est très-commune dans ce pays. On sait que la vermine abandonne les moribonds, et on peut attribuer ce fait à l'odeur qui s'exhale d'un corps prêt à se dissoudre : mais un os de mort n'a nulle odeur.

Qui pourroit expliquer encore un phénomène d'un autre genre ? qui pourroit dire pourquoi tous les moutons qui naissent dans le Suffolkshire, en

propriétés , prise intérieurement ; cette corne entre encore dans la poudre de guttèle.

Une singularité qui est commune au renne et à l'élan, c'est que lorsque ces animaux courent, ou seulement précipitent leurs pas, les sabots ou cornes des pieds font à chaque mouvement un bruit de craquement si fort qu'il semble que toutes les jointures des jambes se déboîtent. Il n'y a que l'élan mâle qui porte un bois ; il se nourrit de feuilles , d'écorces d'arbres et de mousse. La femelle met bas vers la mi-mai, et ne fait qu'un faon ou deux. La peau d'élan sert aux mêmes usages que celle du buffle. Il paroît que l'animal connu dans l'Amérique septentrionale sous le nom d'orignac, ou orignal, est une espèce d'*élan* : on apprivoise l'élan , et on le rend utile , mais beaucoup moins que le renne.

Le renne.

Le renne est farouche de sa nature ; il y en a une très-grande quantité de sauvages

Angleterre , ont tous le museau, les pieds et la moitié des quatre pattes d'un beau noir ? Les moutons de ces nombreux troupeaux ont tous, sans exception , ce petit masque et ces quatre petites bottines noires. Pourquoi les bœufs en Bourgogne, du côté de l'Auvergne, changent-ils de couleur à mesure qu'on approche de l'Auvergne ? ils pâlissent graduellement jusqu'aux frontières de la Bourgogne, le noir disparoît, la nuance de fauve s'adoucit, et enfin ces bestiaux deviennent tout-à-fait blanchâtres sur la frontière, et le sont dans toute l'Auvergne, et de domestiques dans toute la Laponie. Cet animal a beaucoup de choses communes avec les cerfs, le bois, la légèreté, etc. ; mais il est plus fort. Il s'apprivoise parfaitement. On les attelle aux traîneaux ; on apprend aux uns à traîner à la course et en poste, et aux autres à tirer de fortes charges. Cet animal fait aisément trente lieues par jour, et court avec autant de sûreté sur la neige glacée que sur une pelouse. La durée de la vie des rennes est de quinze à vingt ans : les femelles donnent un lait très-épais, mais excellent ; leur peau fournit aux Lapons des vêtemens de toute espèce. Les Lapons filent aussi le poil du renne.

On a trouvé, il y a vingt-cinq ou trente ans, près d'Etampes, dans un lit de sable, sous une roche, un squelette d'élan et des ossemens d'hippopotame. Ce sont là, dit Bomare, deux beaux médaillons des révolutions causées sur le globe terrestre par le déluge universel.

CHAPITRE XV.

Du berger, et du chien de garde.

LE berger doit être vigilant, robuste et alerte, doux, patient et affectionné pour son troupeau ; il doit être fidèle, faire souvent

la revue de ses moutons, pour voir s'il n'y
en a point d'égarés; panser ceux qui se trouveront malades, et les séparer du troupeau.
Il doit aussi avoir soin de ne pas laisser manquer de litière ni de fourrage en hiver, de
nettoyer les bergeries, de choisir à ses brebis
de bons béliers, surtout de bien soigner les
mères dans les temps qu'elles agnèlent, et
de bien entretenir la litière de bonne paille;
et si elle est rare dans le pays, de genêt et
de bruyères les plus douces. Il doit savoir
nourrir son troupeau, l'abreuver, le parquer
et le panser en maladie. Les chiens de berger, pour bien défendre le troupeau, surtout dans les pays où il y a des loups, doivent être armés d'un bon collier garni de
pointes de clous; ils doivent être vifs et hardis,
de l'âge d'un an, et de grosse taille, fort
velus, avoir les yeux et les narines noires,
les lèvres d'un rouge obscur, les dents aiguës, la tête et les oreilles grandes, plates
et penchantes, le front et le cou gros, les
jambes grandes, les doigts bien partagés et
larges d'entre deux, les ongles durs et courts,
la queue grosse, et tout le corps bien formé,
la voix grosse, une grande gueule. Dans les
pays où il n'y a point de loups, les bergers
n'arment point leurs chiens de colliers; ils
leur liment même les dents pour les empêcher de mordre trop fort les brebis aux jambes quand elles s'écartent, ce qui pourroit
les estropier. On les nourrit de gros pain,
et quelquefois on leur jette des os à ronger

pour leur affermir les dents, leur faire bonne gueule, et les rendre plus méchans; mais surtout il ne faut point leur donner de chair de brebis ou de mouton, de peur qu'ils n'y prennent goût et ne les tuent. On doit les instruire à ramener les brebis égarées, et à obéir promptement à la voix. Les chiennes portent neuf semaines, ou soixante à soixante-trois jours; quand elles ont mis bas, on ne leur laisse des petits qu'autant qu'elles en peuvent nourrir grassement, et on les met avec leur mère sur la dure, pour les accoutumer à la fatigue. A mesure qu'ils grandissent, on les fait peu à peu au collier, à la laisse, et enfin au collier garni de fer. Le berger doit les exciter quelquefois à se battre, mais sans permettre que le foible soit tout-à-fait vaincu, de peur qu'il ne se rebute et ne devienne mou et lâche.

FIN DU PREMIER VOLUME.

TABLE

DES CHAPITRES

CONTENUS DANS LE PREMIER VOLUME.

FIN DE LA TABLE DES CHAPITRES DU PREMIER VOLUME.